*E*CUMENISM: THE VISION OF THE ELCA

ECUMENISM: THE VISION OF THE ELCA

English text with Spanish, German, and French translations

MINNEAPOLIS

ECUMENISM: THE VISION OF THE ELCA

Copyright © 1994 Augsburg Fortress.

English text of "Ecumenism: The Vision of the Evangelical Lutheran Church in America" copyright © 1991 Evangelical Lutheran Church in America.

All rights reserved. Except for brief quotations in critical articles or reviews, no part of this book may be reproduced in any manner without prior written permission from the publisher. Write to: Permissions, Augsburg Fortress, 426 S. Fifth St., Box 1209, Minneapolis MN 55440.

Library of Congress Cataloging-in-Publication Data

Evangelical Lutheran Church in America.
    Ecumenism: the vision of the Evangelical Lutheran Church in America : English text with Spanish, German, and French translations.
        p.   cm.
    Includes bibliographical references.
    ISBN 0-8066-2710-7 (alk. paper)
    1. Christian union--Lutheran Church.   2.   Evangelical Lutheran Church in America--Relations.   3.   Lutheran Church--Relations.
    I. Title.
BX8063.7.A1E93   1994   93-47963
284.1'35--dc20   CIP

The paper used in this publication meets the minimum requirements of American National Standard for Information Sciences—Permanence of Paper for Printed Library Materials, ANSI Z329.48-1984.

Manufactured in the U.S.A.   AF 9-2710

Contents

**ECUMENISM: THE VISION OF
THE EVANGELICAL LUTHERAN CHURCH IN AMERICA**

I. Sources 9
II. A Declaration of Ecumenical Commitment 21

**ECUMENISMO: LA VISIÓN DE
LA IGLESIA EVANGÉLICA LUTERANA EN AMÉRICA**

I. Fuentes 31
II. Declaración de Compromiso Ecuménico 45

**ÖKUMENISMUS: GRUNDORIENTIERUNG
DER EVANGELISCH-LUTHERISCHEN KIRCHE IN AMERIKA**

I. Quellen 55
II. Erklärung zur Ökumenischen Verpflichtung 69

**L'OECUMENISME: LA VISION DE
L'EGLISE EVANGELIQUE LUTHERIENNE D'AMERIQUE**

I. Les sources 79
II. Declaration sur l'engagement oecumenique 93

Ecumenism: The Vision of the Evangelical Lutheran Church in America

I. Sources[1]

The Evangelical Lutheran Church in America (ELCA) seeks in its faith and life "to manifest the unity given to the people of God by living together in the love of Christ and by joining with other Christians in prayer and action to express and preserve the unity which the Spirit gives" (ELCA Constitution 4.02.f.). What follows first surveys authoritative sources as a basis for the ecumenism of "joining with other Christians," then sketches a history of Lutheran ecumenical experience to suggest continuity with predecessor churches.

A. Scriptural, Confessional, and Constitutional Foundations

For its participation in the ecumenical movement, the Evangelical Lutheran Church in America is dependent on its understanding of Scripture and the Lutheran Confessions as set forth in its constitution.

---

1. The text of "A Declaration of Ecumenical Commitment," adopted by the second Churchwide Assembly of the Evangelical Lutheran Church in America, begins on page 21 of this publication. That text is preceded in this edition by an introductory section (Part I: Sources), which originally was presented in "Ecumenism: The Vision of the Evangelical Lutheran Church in America," adopted as a "working document" by the first Churchwide Assembly of the Evangelical Lutheran Church in America on August 25, 1989, in Chicago, Illinois. The introductory section of that document subsequently was revised for submission to the second Churchwide Assembly and for inclusion in this publication. The action of the Churchwide Assembly on August 31, 1991, was: "To adopt, as amended, 'A Declaration of Ecumenical Commitment: A Policy Statement of the Evangelical Lutheran Church in America' as the policy of this church." In favor—919; opposed—67; abstaining—4.

English text copyright © 1991 Evangelical Lutheran Church in America.

Scriptural Witness

The church draws upon the rich, diverse language of Scripture for its understanding of ecumenism. One major theme is the unity of all peoples. The announcement of unity begins with the narrative of one God creating and ruling the whole universe and all peoples (Genesis 1–11). The building of the tower of Babel led to the fragmentation of humankind. In response God's promise to Abraham that "in you all the families of the earth shall be blessed" (Genesis 12:3) stressed the gracious will of God for all people. God intended Israel to carry out his will. The servant sings: "The Lord says, who formed me in the womb to be his servant, to bring Jacob back to him, and that Israel might be gathered to him . . . he says, 'It is too light a thing that you should be my servant to raise up the tribes of Jacob and to restore the survivors of Israel; I will give you as a light to the nations, that my salvation may reach the end of the earth'" (Isaiah 49:5-6; cf., Isaiah 42:6). Therefore, Israel's psalmists and prophets call the whole earth and all nations to unite in worshiping, praising, and proclaiming the God of glory, righteousness, salvation, and blessing (Psalms 96–100; Isaiah 45:22-23, 55:1-5, 60:1-3).

The unity of God is the starting point and the ending point of significant New Testament passages, that speak about the unity of the church. In Ephesians 4, Paul's declaration, "one Lord, one faith, one baptism" (v. 5), culminates in a doxological celebration of the "one God and Father of us all, who is above all and through all and in all" (v. 6; cf., Philippians 2:10-11). The purpose of ministry in all its variety (vv. 11-12) is to bring the Church to unity of faith and knowledge of the Son of God (v. 13). It is, therefore, a ministry that must attend to issues of truth (vv. 14-15a) for growing in the unity in Christ (vv. 15b-16).

The prayer of Jesus for his disciples in John 17, on the eve of his death on the cross, clearly links unity with truth and mission. "Sanctify them in the truth; your word is truth" (v. 17) leads into "as you sent me into the world, so I have sent them into the world" (v. 18). Then Jesus prays "that they all may be one; even as you, Father, are in me, and I in you" (v. 21a). The unity of the disciples depends on unity with God, as Jesus says to the Father, "that they may also be in us." And unity has its goal in mission "that the world may know that you have sent me" (v. 21b). As understood in Christ's prayer, unity is given to the Church, not for the sake of the Church, but that the Church might give itself in mission to the world for the sake of the Gospel. The Church realizes its unity in its actions, not simply via theological discussion.

Other references in John show that the disciples, one with Christ and one with each other, are branches on the vine [Christ], which are to "bear much fruit" (15:5). There shall be "one flock" (10:16), when Jesus brings the "other sheep," because there is "one shepherd" who died "to gather into one" the scattered children of God (11:50-52).

Paul speaks of the Church as "one body in Christ" (Romans 12:5) or "the body of Christ" (1 Corinthians 12:27) to stress the variety of gifts present in the members of the Church for the good of all. Colossians 1:18 and Ephesians 1:22-23 stress the lordship of Jesus over the Church, his body. Thus, the Church gets its unity from the "one Lord" (Ephesians 4:5) under whom it lives. When the writings in the New Testament are compared, a variety of expressions of unity and structures emerges. There is no single pattern of ministry or structure. The New Testament reminds us, too, that disputes and divisions were to be found in the earliest period of the Church's existence (e.g., Acts 6:1, 15:1-29; Galatians 2:1-16; 1 Corinthians 1:10-17, 3:1-4). Indeed on several occasions divisive teachings and false teachers were condemned (e.g., Romans 16:17; Philippians 3:2-20; 1 John 2:18-20; 4:1-4; 2 John; Jude).

Those who disrupt the unity of the Church are held to be culpable as wrongdoers (Galatians 2:11-20), who are "not acting consistently with the truth of the Gospel" (v.14; cf., 2:5), and who need to return to the truth of the Gospel and faith in Christ as the essentials for Christian fellowship. The Gospel raises truth-claims that demand true and faithful proclamation and action that corresponds to the Gospel. Thus, only in the Gospel can genuine unity be achieved.

The Scriptures use other significant language to describe the Church. Paul speaks of "community" (or "partnership," "sharing," "fellowship") with the Philippians in the proclamation of the Gospel (Philippians 1:5, 7, 4:14, 15). The community in the Gospel, created by the Gospel, impelled the Philippians to support Paul financially as he preached the Gospel. "Sharing" ("fellowship") in the blood and the body of Christ produced the one body (1 Corinthians 10:16-17), while not recognizing the Lord's body in the Church causes divisions (1 Corinthians 11:17-33). Paul's concluding benediction in 2 Corinthians 13:13 makes clear that community of the Holy Spirit is based on grace in Christ Jesus and the love of God.

Christians believe that Jesus both announced and brought the kingdom of God (Mark 1:13-14). Yet they pray, "Your (the Father's) kingdom come" in the Lord's Prayer (Matthew 6:10; Luke 11:2). The New Testament constantly moves between the gift given with the life, death, and resurrection of Jesus and the reality that the Church at any given time looks to the return of Jesus for the achievement of justice, unity of the people of God, and the full and perfect realization of communion with God. This hope compels the Church to strive to manifest this unity and communion in the here and now.

The Scriptures present a realistic picture of both the human proclivity toward disunity and the unity that is possible through oneness in Christ. The Bible tells us what God wills, and warns us of the ever present threats to a mutually accepting Christian fellowship. Then, as now, it is necessary to pray, "May the God of steadfastness and encouragement grant you to live in harmony with one another, in accordance with Jesus Christ, so that together you may with one voice glorify the God and Father of our Lord Jesus Christ" (Romans 15:5-6), and to be reminded, "Welcome one another, therefore, just as Christ has welcomed you, for the glory of God" (Romans 15:7).

Lutheran Confessions

The concern for the unity of the Church articulated in Scripture enjoyed considerable prominence in the first centuries of the history of the Church. It was expressed in the Apostles' Creed and especially in the Nicene Constantinopolitan Creed of A.D. 381. These ecumenical symbols, along with the Athanasian Creed, were included in the Book of Concord in 1580. Their inclusion, as well as the first articles of the Augsburg Confession, shows the desire of the Lutheran Reformers to identify with the biblical and patristic tradition.

The Lutheran Confessions were the products of an effort at evangelical reform, which, contrary to its intention, resulted in divisions within the western church. As evangelical writings, they stress justification by grace through faith alone as the criterion for judging all Church doctrine and life. As catholic writings, they assert that the Gospel is essential to the Church for being one, holy, catholic, and apostolic. Their evangelical and catholic aspects are complementary, not contradictory. When a particular misinterpretation of the catholic tradition conflicts with the Gospel, the classic Lutheran confessional choice was and remains for the Gospel. They are concerned for the oneness of Christ's Church under the Gospel, the preservation of the true catholic heritage, and the renewal of the Church as a whole. That the Confessions have such concerns can be seen from the following:

1. They always point to Scripture, with its stress on teaching the truth of the Gospel—which they see as the only sufficient basis for Christian unity—as normative. Because of this evangelical stress they also point to Scripture's confession of one Lord and one Church as basic for understanding Christian unity.

2. They begin with the ancient ecumenical creeds—Apostles', Nicene, and Athanasian—as "the three chief symbols." Lutherans always have a common basis with those who share these creeds and the Bible.

3. They draw upon the theological reflection of the early Church leaders in East and West, and thus share a resource with those who also know and honor the theologians of the patristic era.

4. While many of the Lutheran Confessions were hammered out in the struggles of the sixteenth century and dwell on the differences with the Roman Catholics, the Reformed, the Anabaptists, and even some Lutherans, they also contained, whether specifically noted or not, many points of basic agreement with such groups.

5. The primary Lutheran confessional document, the Augsburg Confession of 1530, claims to be a fully catholic as well as an evangelical expression of Christian faith. Part I, which lists the chief articles of faith, states that the Confession is grounded clearly in Scripture and does not depart from the universal Christian [that is, catholic] Church. The confessors at Augsburg asked only for freedom to preach and worship in accordance with the Gospel. They were willing, upon recognition of the legitimacy of these reforms, to remain in fellowship with those who did not share every theological formulation or reforming practice [Augsburg Confession, Preface, Article XV, Article XXVIII and Conclusion]. It is in this historical context that Article VII is to be understood: "For the true unity of the church it is enough (*satis est*) to agree concerning the teaching of the Gospel and the administration of the sacraments." The confessors allowed for diversity of opinion and discussion of many other matters (see Smalcald Articles, Part III, introduction).

The historical situation is now different. Today the western church is divided into hundreds of denominations; moreover, in the nineteenth century the urgency of missionary proclamation underscored the scandal of a divided church. Such developments challenge the Evangelical Lutheran Church in America to strive toward fuller expressions of unity with as many denominations as possible.

Lutherans may differ in evaluating the difference between the sixteenth century and the present. Some Lutherans in the Evangelical Lutheran Church in America hold that unity was already broken when the confessors presented the Augsburg Confession in 1530; others hold that the confessors were attempting to maintain a unity that still existed. But all agree that the *"satis est"* of Augsburg Confession VII established an ecumenical principle as valid today as it was in 1530. Augsburg Confession VII continues to be ecumenically liberating because of its claim that the truth of the Gospel is the catholic faith and is sufficient for the true unity of the Church.

In today's denominationalism the *satis est* provides an ecumenical resource and basis to move to growing levels of fellowship [i.e., communion] among divided churches. Article VII remains fundamental for Lutheran ecumenical activity; its primary meaning is that only those things that convey salvation, justification by grace through faith, are allowed to be signs and constitutive elements of the Church. Yet, for all its cohesiveness and precision, Article VII does not present a complete doctrine of the Church. It is not in the first instance an expression of a falsely understood ecumenical openness and freedom from church order, customs, and usages in the Church. What it says is essential for understanding the unity of the Church, but does not exhaust what must be said. The primary meaning of Article VII is that only those things that convey salvation, justification by grace through faith, are allowed to be signs and constitutive elements of the Church. It is also necessary to recognize the evangelical and ecclesiological implications of the missionary situation of the global church in our time, which did not exist in the 16th century.

Article VII of the Augsburg Confession continues to be ecumenically freeing because of its insistence that agreement in the Gospel suffices for Christian unity. As Lutherans seek to enter into fellowship without insisting on doctrinal or ecclesiastical uniformity, they place an ecumenical emphasis on common formulation and expression of theological consensus on the Gospel. There is room for recognizing, living and experiencing fellowship within the context of seeking together larger theological agreement, of constantly searching critically for the theological truth of the Gospel to be proclaimed together in the present critical time of our world.

6. Other Lutheran confessional documents, though differing in nature and purpose from each other, are consistent with the Augsburg Confession on church unity. For example:
    a. The Small Catechism teaches in a simple form the evangelical and catholic faith, so that this faith may be known by all the people of God.
    b. The Formula of Concord of 1577 reflects, in detail, inner Lutheran theological debate and disagreement, and suggests, in spite of its emphasis on rejection and condemnation of errors and contrary doctrine, the possibility of resolving and reconciling differences "under the guidance of the Word of God."

Rooted in this biblical and confessional understanding as stated in its Confession of Faith (ELCA Constitution, Chapter 2), the Evangelical Lutheran Church in America identifies itself with this vision of a greater wholeness of Christ's people.

Chapter 4 of the constitution, "Statement of Purpose," declares that the Evangelical Lutheran Church in America is committed both to Lutheran unity and to Christian unity (4.03.d. and 4.03.f.).

The understanding of ecumenism in the Evangelical Lutheran Church in America embraces more than Lutheran denominations. This church rejoices in the movement toward agreement in the Gospel with other churches of differing historical and theological heritages. The degree of openness on the part of others and our own confessional commitment have a bearing upon the developing relations and growth in unity with "all those who in every place call on the name of our Lord Jesus Christ, their Lord and ours" (1 Corinthians 1:2).

B. Ecumenical Heritage

The twentieth century has brought continuous, active, and official involvement of churches, including predecessors of the

Evangelical Lutheran Church in America, in the quest to overcome Christian division and, by God's Spirit, to express the visible unity of Christ's people. The ecumenical movement needs to be seen as the stirring of Christians under the Spirit's prompting to disclose to those around them God's call for the church to be one. This movement is, therefore, much more than conferences and meetings of councils of churches, although such events serve as landmarks for the ecumenical movement.

Prior to World War II, Lutherans from the churches of northern Europe and some from North America were present at World Missionary Conferences, a major impetus to the modern ecumenical movement, as well as Faith and Order Conferences and Life and Work Conferences. It is true that American Lutherans were initially hesitant and cautious, with some remaining more guarded, because of their concern for confessional truth, while others with the same concern for confessional truth were becoming more open to ecumenical participation. The conferences eventually became part of a more continuous and unified organization, the World Council of Churches.

Councils of Churches

By 1948, North American Lutherans took a prominent place in the formation of the World Council of Churches and successfully insisted that the representation from churches be determined in a major way according to confessional families. Within a decade, almost all of the antecedents to the Evangelical Lutheran Church in America held membership in the council. At that time Lutherans made up the largest confessional group in the council. The council has given significant attention to issues of Christian unity, mission, and service.

In varying degrees the uniting churches and their members have participated in state and local councils of churches, and in the National Council of the Churches of Christ in the U.S.A. Such involvement brought greater understanding of the opportunities and challenges of ecumenical activity.

Ecumenical Dialogues

By 1950, many North American Lutherans were fully committed to ecumenical partnership around the world and in this country. In the next decade, they were involved actively in the development of ecumenical dialogues. After 1965, these dialogues received new stimulus from the entry of the Roman Catholic Church into the ecumenical movement, an event marked and ratified by the Second Vatican Council. Other dialogues were continued or initiated with Reformed and Presbyterians, Episcopalians, United Methodists, Orthodox, Baptists, and conservative evangelicals. Participation in the dialogues by the predecessor bodies of the Evangelical Lutheran Church in America was unified through the National Lutheran Council, later the Lutheran Council in the U.S.A., and the Lutheran World Federation. Lutheran unity and Christian unity were progressing together.

By 1982, when official approval was given for a commission to plan the union that produced the Evangelical Lutheran Church in America, ecumenical developments were expanding rapidly.

Lutheran World Federation

The membership and active role of the uniting churches in the Lutheran World Federation produced new ecumenical perceptions. At the LWF assembly in 1984, the member churches of the federation declared themselves to be in *altar and pulpit fellowship*. The churches of the federation declared themselves to be a communion of churches. This declaration may have profound effects on the nature of the federation itself and on the churches' understandings of their relationships to one another and to nonmember churches. The 1984 LWF assembly also adopted the following understanding of unity, which is compatible with the vision set forth in the accompanying document statement of the Evangelical Lutheran Church in America:

> The true unity of the Church, which is the unity of the body of Christ and participates in the unity of the Father, Son, and Holy Spirit, is given in and through proclamation of the Gospel in Word and Sacrament. This unity is expressed as a communion in the common and at the same time, multiform confession of one and the same apostolic faith. It is a communion in Holy Baptism and in the eucharistic meal, a communion in which the ministries exercised are recognized by all as expressions of the ministry instituted by Christ in his Church. It is a communion where

diversities contribute to fullness and are no longer barriers to unity. It is a committed fellowship, able to make common decisions and to act in common.

The diversity present in this communion rises out of the differing cultural and ethnic contexts in which the one Church of Christ lives out its mission and out of the number of church traditions in which the apostolic faith has been maintained, transmitted, and lived throughout the centuries. In recognizing these diversities as expressions of the one apostolic faith and the one catholic Church, traditions are changed, antagonisms overcome, and mutual condemnations lifted. The diversities are reconciled and transformed into a legitimate and indispensable multiformity within the one body of Christ.

This communion lives out its unity in confessing the one apostolic faith. It assembles in worship and in intercession for all people. It is active in common witness to Jesus Christ; in advocacy for the weak, poor, and oppressed; and in striving for peace, justice, and freedom. It is ordered in all its components in conciliar structures and actions. It is in need of constant renewal and is at the same time, a foretaste of that communion, which the Lord will at the end of time bring about in his kingdom.

American Lutherans were encouraged by the ecumenical participation in the celebration of the 450th anniversary of the Augsburg Confession in 1980 and the 500th anniversary of the birth of Martin Luther in 1983.

Positions of the Uniting Churches

In 1978, The American Lutheran Church and the Lutheran Church in America approved "A Statement on Communion Practices." Section II of that policy document, Recommendations for Practice, adopted by both churches in convention, included a subsection on intercommunion. This subsection provided guidance for eucharistic sharing in Lutheran settings and ecumenical gatherings.

At its eleventh biennial convention in 1982, the Lutheran Church in America approved as its official position the document, "Ecumenism: A Lutheran Commitment." This statement became a charter for a deliberate program of ecumenical study and activity. Three years later, the Church Council of The American Lutheran Church approved a similar document for that church entitled, "Ecumenical

Perspective and Guidelines." Thus, two of the uniting churches had recent and strong statements expressing their rationale for ecumenical involvement.

In 1982, all three predecessor churches entered into the "Lutheran-Episcopal Agreement" with the Episcopal Church in the United States. After years of bilateral dialogues, these churches were able to enter into a new level of fellowship that provided for mutual recognition of churches, joint prayer and study, joint commitment to evangelism and mission, interim sharing of the Eucharist, future dialogue, and a commitment to work for full communion. In 1988, this agreement entered into the life of the Evangelical Lutheran Church in America.

When the third series of Lutheran-Reformed dialogues reported to the churches in 1984, its recommendations confronted the uniting churches with critical questions. Acceptance of this dialogue report, *An Invitation to Action*, was uneven. All three uniting churches did recognize the Reformed Church in America and the Presbyterian Church (U.S.A.) as churches in which the Gospel is preached, and committed themselves to joint projects and at least limited common worship. The Association of Evangelical Lutheran Churches and The American Lutheran Church in 1986 entered into a new relationship with the Presbyterian Church (U.S.A.) and the Reformed Church in America. The Lutheran Church in America in 1986 took action in conformity with, but not exceeding, "A Statement on Communion Practices" of 1978. With the formation of the Evangelical Lutheran Church in America, the relationships established in 1986 ended. The commitments to fuller relationships with the Reformed Church in America and the Presbyterian Church (U.S.A.), made in 1986 by the three uniting churches, were left as a challenge to the Evangelical Lutheran Church in America.

All these events indicate that official reception of the results from dialogues has become a major concern as reports from the dialogues ask the sponsoring churches to take specific actions. Such requests highlight the need for the churches to take seriously the reception of the work of the dialogues into their life and faith.

During Formation of the Evangelical Lutheran Church in America

Between 1982 and the constituting of the Evangelical Lutheran Church in America, the three bishops of the uniting churches, and other leaders, formed relationships with major church leaders throughout the world. These associations had antecedents in earlier years, but the deliberateness and intensity of the contacts in the 1980s formed new levels of trust, commitment to the unity of the church, and potential for new ecumenical advances.

In 1983, the Faith and Order Commission of the World Council of Churches transmitted to the churches for their response and reception the document, *Baptism, Eucharist, and Ministry*. Two of the churches forming the Evangelical Lutheran Church in America made official responses to this text of convergences. Responses from churches around the world have demonstrated an overwhelming interest in what has become a major ecumenical process that will continue.

The years prior to the Evangelical Lutheran Church in America represent a period of rich ecumenical growth that was given to the merged church as it began its life.

II. A Declaration of Ecumenical Commitment: A Policy Statement of the Evangelical Lutheran Church in America[2]

A. The Basis: A Confessional Church That Is Evangelical, That Is Catholic, That Is Ecumenical

The Evangelical Lutheran Church in America is a confessional church, as Chapter 2 of its constitution ("The Confession of Faith") makes clear. Its confessions teach that community in Christ, proclaimed in the Gospel and the sacraments, is the basis for unity in the Church. The Augsburg Confession, Article VII, stresses this when it says that "For the true unity of the Church it is enough to agree concerning the teaching of the Gospel and the administration of the sacraments."

The unity of the church, as it is proclaimed in the Scriptures, is a gift and goal of God in Christ Jesus. Ecumenism is the joyous experience of the unity of Christ's people and the serious task of expressing that unity visibly and structurally to advance the proclamation of the Gospel for the blessing of humankind. Through participation in ecumenical activity, the Evangelical Lutheran Church in America seeks to be open in faith to the work of the Spirit, so as to manifest more fully oneness in Christ.

In relation to other churches, because of its confession, the Evangelical Lutheran Church in America, under the Lordship of Jesus

---

2. The actual text of the document adopted by the second Churchwide Assembly of the Evangelical Lutheran Church in America on August 31, 1991, as "A Declaration of Ecumenical Commitment: A Policy Statement of the Evangelical Lutheran Church in America" begins here.

Christ, understands itself and engages in God's mission as a church that is evangelical, that is catholic, and that is ecumenical. Its confessional character is not opposed to its ecumenical commitment, but necessitates it as a consequence of the Gospel.

Such a description is intended to aid this church in its ecumenical self-understanding. It is not to be seen as a replacement of the traditional marks of the Church as "one, holy, catholic, and apostolic" to which this church is committed by its confessional subscription. Nor is it a list of characteristics required of other churches, prior to this church entering into ecumenical relations with them.

To be *evangelical* means to be committed to the Gospel of Jesus Christ (Romans 1:16; Mark 1:1). The Church is created by the Gospel. The Gospel is more than human recollection of, or our confession about, what God has done in the past, in Israel, and uniquely in Jesus of Nazareth (2 Corinthians 5:19a). It is proclamation with the power of God's deed in Christ and in his resurrection (2 Corinthians 5:19b-21), an event that opens to us the future of God's eternal love, who through the crucified and risen Christ justifies us, reconciles us, and makes us new creatures (2 Corinthians 5:17-18). This Gospel is unconditional in that it announces the sure and certain promise of God who in Christ justifies the ungodly by grace through faith apart from works, and without partiality intends this for all people. This Gospel is eschatological, as it announces the destruction of the last enemy, death, when Christ hands over the kingdom to God, the Father, and when God will be all in all (1 Corinthians 15:24-28). This announcement provides a vision to the Church that informs and guides its ecumenical activity.

To be *catholic* means to be committed to the fullness of the apostolic faith and its credal, doctrinal articulation for the entire world (Romans 10:8b-15, 18b; Mark 13:10; Matthew 28:19-20). This word, "catholic," declares that the Church is a community, rooted in the Christ event, that extends through all places and time. It acknowledges that God has gathered a people, and continues to do so, into a community made holy in the Gospel, which it receives and proclaims. This community, a people under Christ, shares the catholic faith in the Triune God, honors and relies upon the Holy Scriptures as authoritative source and norm of the Church's proclamation, receives Holy Baptism and celebrates the Lord's Supper, includes an ordained ministry, and professes one, holy, catholic, and apostolic Church.

To be *ecumenical* means to be committed to the oneness to which God calls the world in the saving gift of Jesus Christ. It also means to recognize the brokenness of the Church in history and the call of God, especially in this century, to heal this disunity of Christ's people. By the Holy Spirit, God enlivens the Church to this ministry. In striving to be ecumenical, this church:

1. seeks to manifest the unity that God wills for the Church in a future that is open to God's guidance;
2. seeks to understand and value its past, its history, and its traditions in all their varied richness as gracious gifts of God, which are incomplete themselves as it finally moves toward unity in Christ;
3. contributes and learns, not by attempting to repristinate the past, but by moving toward the manifestation of unity in Christ and thus toward other Christians;
4. commits itself to share with others in the worship of the Triune God, to the task of proclaiming the Gospel to all, and to share with others in lifting up its voice and its hands to promote justice, relieve misery, and reconcile the estranged in a suffering world;
5. calls upon its members to repent of ways in which they have contributed to disunity among Christ's people by omission and commission;
6. urges each of its members to pray, both within their own church and with members of other churches, for the unity of the Church to be concerned with new attitudes, to be ready to sacrifice nonessentials, and to take action, including the reception, where possible, of ecumenical agreements, all for the unity of the Church;
7. recognizes that the burden of proof rests with the resistance to unity in spite of agreement in the Gospel; and
8. seeks to express oneness in Christ in diverse models of unity, consistent with the Gospel and mission of the Church.

B. THE STANCE OF THE EVANGELICAL LUTHERAN CHURCH IN AMERICA

The Confession of Faith of the Evangelical Lutheran Church in America (Constitution, Chapter 2), may be described as evangelical, catholic, and ecumenical. The Triune God, Father, Son, and Holy Spirit, is confessed, with special reference to the redeeming work of the Second Person. The canonical Scriptures are accepted as the inspired Word of God and the norm for the Church's proclamation and life. The three ecumenical creeds are accepted as true declarations of the faith. The Augsburg Confession is accepted as a true witness to the Gospel and as a basis for unity, while the other Lutheran Confessions are accepted as valid interpretations of the faith. The language in this chapter deliberately reflects an ancient, catholic, and ecumenical ordering of authorities. The particularly Lutheran writings are regarded as true witnesses and valid interpretations of earlier statements that possess higher authority. The chapter closes with a confession of the Gospel as the power of God to create and sustain the Church's mission. Thus the Gospel, "Christ alone," is the key to understanding Scripture, creeds, and confessions.

These evangelical, catholic, and ecumenical characteristics of this church's confession of faith find further expression in those chapters of the constitution that deal with "Nature of the Church" (Chapter 3), "Statement of Purpose" (Chapter 4), and "Principles of Organization" (Chapter 5).

This church is bold to reach out in several directions simultaneously to all those with whom it may find agreement in the Gospel. It gives priority to no Christian denomination or group. Therefore, the Evangelical Lutheran Church in America, as a member of the worldwide Lutheran communion, does not commit itself only to pan-Lutheranism, or to pan-Protestantism, or to Roman Catholic rapprochement, or to developing relationships with the Orthodox.

Even more boldly, the Evangelical Lutheran Church in America takes its Lutheran theological heritage so seriously that it believes God's word of justification excludes the patterns of ecclesiastical self-justification, which have resulted from the polemical heritage of the sixteenth century. The first word, which the Church speaks ecumenically, may well be a word of self-criticism, a word against itself, because we are called to be seekers of a truth that is larger than all of us and that condemns our parochialism, imperialism, and self-preoccupation. If it can speak such a word of self-criticism, the Church will be free to reject a triumphalistic and magisterial understanding of itself and cultivate instead an understanding of itself as a community of mission and witness that seeks to be serviceable to the in-breaking of the reign of God. In this way the ecumenical vision of the Evangelical Lutheran Church in America will not be dominated by attention to our past theological controversies and divisions. It will focus rather on *present* and *future* theological reflection and missiological action.

C. Forms of Ecumenism

Ecumenism must permeate, inform, and vitalize every aspect of this church's faith and life, because it is bound to the Gospel and mission in our world. It demonstrates the necessity for the Church to be interdependent and inclusive. The interdependence among the entities within this church and the inclusiveness practiced by this church in the midst of divisions in society are significant manifestations of the unity of the Church. Therefore, this church is committed to the participation of women and men in its ordained ministry and organizational structures. This should be evident to those within the Church as well as those outside as the Church pursues its mission. An extremely close relationship exists between the unity of the Church and its mission (John 17:20-23).

From its evangelical, catholic, and ecumenical stance, with an obviously close relationship with mission, the Evangelical Lutheran Church in America is free to seek such forms of structure, ministry, and common action as will provide true witness to Christian faith and effective expression to God's love in Christ. Such ecumenism will characterize this church in all manifestations of its life. As congregations and synods take initiative in ecumenical activities, this whole church may learn from them. At the same time as this whole church provides policy guidance to congregations, it becomes the channel through which each congregation may minister worldwide in the whole household of faith.

The Evangelical Lutheran Church in America engages in local, regional, national, and world councils of churches and other ecumenical agencies. In these relationships the Evangelical Lutheran Church in America is guided by the *evangelical* and the *representative* principles.

> The *evangelical* principle means that official membership will be established only with such ecumenical organizations as are composed exclusively of churches, which confess Jesus Christ as divine Lord and Savior.

The *representative* principle means that in ecumenical organizations the official representatives of churches should never be seated on a parity with individuals who represent only themselves or who represent organizations which are less than churches.

Exceptions to the practice of these principles, because of local conditions, may be made by a synod in consultation with the Office for Ecumenical Affairs of the Evangelical Lutheran Church in America.

The Evangelical Lutheran Church in America is an active participant in bilateral and multilateral dialogues, which it does not view as competitive, but as mutually re-enforcing means for ecumenical advance. At the same time it seeks other means, such as joint efforts at mission, religious instruction, and use of the mass media to grow in understanding and agreement with other churches.

These efforts, including joint study, prayer, and worship, must be found in the various organizational expressions of the Evangelical Lutheran Church in America and other churches. All these activities need to be encouraged and to inform each other. Local ecumenism, with its synodical and regional forms, provides a rich area of progress and challenge for the unity of the Church. It has much to teach and much to learn from the national and international ecumenical movement. The primary experience of ecumenism for most Christians is through their congregations, local gatherings of believers that relate to other local gatherings of other traditions, which share the same Lord, the same Baptism, the same mission.

The Evangelical Lutheran Church in America is part of a larger Lutheran community. It lives in altar and pulpit fellowship with the other member churches in a communion expressed in the Lutheran World Federation. While its ecumenical action must be its own, it has responsibility to those churches with which it enjoys close relations to inform them of its ecumenical actions and to consider their comments and responses.

Ecumenism has as its focus and goal clarity of understanding among Christians and a greater realization of unity among Christ's people. As such it is closely related to the mission of the Gospel to all the world. It should not be confused with the important but distinct responsibility for the Church to enter into conversations and reach greater understanding with people of other faiths. The Evangelical Lutheran Church in America does engage, in a variety of ways, in this inter-faith work and needs in the future a separate, official statement to describe its commitments and aspirations in this area. When that statement is prepared, special attention must be given to the distinctiveness of Judaism.

D. Goal and Stages of Relationships

The Evangelical Lutheran Church in America is an active participant in the ecumenical movement, because of its desire for Christian unity. It seeks full communion as its goal, i.e., the fullest or most complete actualization of unity possible before the parousia with all those churches that confess the Triune God. The Evangelical Lutheran Church in America, both as a church and as a member of the wider communion of churches in the Lutheran World Federation, seeks to reach this goal, in order to express the unity of the Church and to carry out better the mission of the Church in proclamation and action.

Full communion, a gift from God, is founded on faith in Jesus Christ. It is a commitment to truth in love and a witness to God's liberation and reconciliation. Full communion is visible and sacramental. It includes all that Lutherans have meant by "pulpit and altar fellowship," but goes beyond that historical formulation because of the obligatory mission given by the Gospel. Full communion is obviously a goal toward which divided churches, under God's Spirit, are striving, but which has not been reached. It points to the complete communion and unity of all Christians that will come with the arrival of the Kingdom of God at the parousia of Christ, the Lord. It is also a goal in need of continuing definition. It is rooted in agreement on essentials and allows diversity in nonessentials.

In most cases, however, the churches will not be able to move directly from their disunity to a full expression of their God-given unity, but can expect to experience a movement from disunity to unity that may include one or more of the following stages of relationships.

1. *Ecumenical Cooperation.* Here the Evangelical Lutheran Church in America enters into ecumenical relations with church bodies, councils of churches, or other ecumenical agencies based on the *evangelical* and *representative* principles. Since these principles relate specifically to ecclesiastical or ecumenical groups, the Evangelical Lutheran Church in America must state its

principles for relationships with people of other faiths (e.g., interfaith dialogues, cooperative, caritative efforts or advocacy, etc.) in a separate document.

2. ***Bilateral and Multilateral Dialogues.*** Here the Evangelical Lutheran Church in America enters into dialogues, with varying mandates, with those who agree with the evangelical and representative principles, confess the Triune God, and share a commitment to "ecumenical conversion." This conversion or repentance includes openness to new possibilities under the guidance of God's Spirit.

3. ***Preliminary Recognition.*** Here the Evangelical Lutheran Church in America can be involved on a church-to-church basis in eucharistic sharing and cooperation, without exchangeability of ministers.

   a. One stage requires 1., and 2., above, plus partial, mutual recognition of church and sacraments with partial agreement in doctrine.

   b. A second stage requires 1., 2., 3.a., partial and mutual recognition of ordained ministers and of churches, fuller agreement in doctrine, commitments to work for full communion, and preliminary agreement on lifting of any mutual condemnations. This might find expression in what Lutherans have often understood as pulpit and altar fellowship.

4. ***Full Communion.*** At this stage the goal of the involvement of this church in the ecumenical movement is fully attained. Here the question of the shape and form of full communion needs to be addressed and answered practically in terms of what will best further the mission of the Church in individual cases, consistent with the Lutheran understanding of the basis of the unity of the Church in Article VII of the Augsburg Confession.

For the Evangelical Lutheran Church in America, the characteristics of full communion are theological and missiological implications of the Gospel that allow variety and flexibility. These characteristics stress that the Church act ecumenically for the sake of the world, not for itself alone. They will include at least the following, some of which exist at earlier stages:

1. a common confessing of the Christian faith;
2. a mutual recognition of Baptism and a sharing of the Lord's Supper, allowing for joint worship and an exchangeability of members;

3. a mutual recognition and availability of ordained ministers to the service of all members of churches in full communion, subject only but always to the disciplinary regulations of the other churches;
4. a common commitment to evangelism, witness, and service;
5. a means of common decision making on critical common issues of faith and life;
6. a mutual lifting of any condemnations that exist between churches.

We hold this definition and description of full communion to be consistent with Article VII of the Augsburg Confession, which says, "for the true unity of the church it is enough to agree concerning the teaching of the Gospel and the administration of the sacraments." Agreement in the Gospel can be reached and stated without adopting Lutheran confessional formulations as such. It allows for flexible, situation-oriented decisions about order and decision making structures. It does not demand organic union, though it does not rule it out. This definition is also in agreement with the understanding of unity adopted by the Seventh Assembly of the Lutheran World Federation in 1984, "The Unity We Seek" (quoted under the Lutheran World Federation section of this statement).

CONCLUSION

The Evangelical Lutheran Church in America seeks to be faithful to its scriptural and confessional foundations. As a confessional church that is evangelical, catholic, and ecumenical, this church will pursue the goal of full communion and will rejoice in all movement toward that goal.

Ecumenismo: La visión de la Iglesia Evangélica Luterana en América

I. Fuentes[1]

La Iglesia Evangélica Luterana en América (IELA) busca "manifestar la unidad dada al pueblo de Dios mediante la convivencia en el amor de Cristo y a través de la unidad con otros cristianos en oración y acción para expresar y preservar la unidad que el Espíritu le ha dado" (Constitución de la IELA 4.02.f.) en su fe y vida. Lo que se presenta a continuación es primero un estudio de las fuentes de autoridad que sirven de base para el ecumenismo de "la unidad con otros cristianos," y luego un esbozo de la historia de la experiencia ecuménica Luterana a fin de sugerir una continuidad con las iglesias predecesoras.

A. Fundamentos Bíblicos, Confesionales y Constitucionales

La Iglesia Evangélica Luterana en América para su participación en el movimiento ecuménico depende de su entendimiento de las

---

1. El texto de "Una Declaración de Compromiso Ecuménico"—adoptado por la segunda Asamblea General de la Iglesia Evangélica Luterana en América el 31 de Agosto de 1991, en Orlando, Florida—comienza en la página 45 de este libro. En esta edición ese texto está precedido por una sección introductoria (Primera Parte: Fuentes), la cual fue originalmente presentada en "Ecumenismo: La visión de la Iglesia Evangélica Luterana en América," adoptada como un "documento de trabajo" por la primera Asamblea General de la Iglesia Evangélica Luterana en América el 25 de Agosto de 1989, en Chicago, Illinois. La sección introductoria de ese documento fue revisada subsecuentemente para ser sometida a la segunda Asamblea General y para ser incluida en este libro. La acción de la Asamblea General de la Iglesia fue: "Adoptar, ya corregida, 'Una Declaración de Compromiso Ecuménico: Un Pronunciamiento de la Política de la Iglesia Evangélica Luterana en América' como parte de la política de esta iglesia." A favor—919; en contra—67; abstenciones—4.

Spanish translation copyright © 1994 Augsburg Fortress.

Escrituras y de las Confesiones Luteranas según se presentan en su constitución.

Testimonio Bíblico

La iglesia se nutre del rico y variado lenguaje de las Escrituras para entender lo que significa el Ecumenismo. Uno de los temas principales es la unidad de todos los pueblos. El anuncio de la unidad empieza con la narración de un Dios creando y gobernando el universo entero con todos sus habitantes (Génesis 1-11). La construcción de la torre de Babel llevó a la fragmentación de la humanidad. Como respuesta, la promesa de Dios a Abraham de que "por ti se bendecirán todos los linajes de la tierra" (Génesis 12:3) acentúa la voluntad benévola de Dios para con todas las naciones. La intención de Dios era usar a Israel para cumplir su voluntad. Como canta el siervo: "Ahora, pues, dice Yavé, el que me formó desde el seno materno para que fuera su servidor, para que le traiga a Jacob, y que Israel se le una . . . Poco es que seas mi siervo, en orden a levantar las tribus de Jacob, y de restablecer a los sobrevivientes de Israel. Te voy a poner por luz de las naciones, para que mi salvación alcance hasta los confines de la tierra" (Isaías 49:5-6; cf. Isaías 42:6). Por ésto, tanto los salmistas de Israel como los profetas, llaman a toda la tierra y a todas las naciones a unirse en la adoración, alabanza, y proclamación del Dios de gloria, justicia, salvación, y bendición (Salmos 96-100, Isaías 45:22-23, 55:1-5, 60:1-3).

Los pasajes importantes del Nuevo Testamento que hablan sobre la unidad de la iglesia tienen como punto de partida y finalidad la unidad de Dios. En Efesios 4, la declaración de "un solo Señor, una sola fe, un solo bautismo" (vs. 5) culmina en una celebración doxológica de "un solo Dios y Padre de todos, que está sobre todos, por todos y en todos" (vs. 6; cf., Filipenses 2:10-11). El propósito del ministerio en todas sus manifestaciones (vs. 11-12) es el de traer a la iglesia a la unidad de fe y al conocimiento del Hijo de Dios (vs. 13). Es por lo tanto, un ministerio que debe prestar atención a asuntos de la verdad (vs. 14-15a), para el crecimiento en la unidad en Cristo (vs. 15b-16).

La oración de Jesús por sus discípulos en Juan 17, la noche antes de su muerte en la cruz, conecta claramente la unidad con la verdad y la misión. "Santifícalos en la verdad: tu Palabra es verdad" (vs. 17) lleva a "así como tú me has enviado al mundo, yo también los he enviado al mundo" (vs. 18). Luego Jesús ora "para que todos sean uno. Como tú, Padre, que estás en mí y yo en tí" (vs. 21a). La unidad de los discípulos depende de la unidad con Dios, como Jesús le dice al Padre, "que ellos también sean uno en nosotros." Y la meta de la unidad radica en la misión "para que el mundo sepa que tú me has enviado" (vs. 21b). Según se entiende en la oración de Cristo, la unidad le ha sido dada a la iglesia, no por causa de sí misma, sino para que la iglesia se entregue en su misión al mundo por causa del Evangelio. La iglesia se da cuenta de su unidad mediante acciones, y no simplemente a través de discusiones teológicas.

Otras citas en Juan muestran que los discípulos, siendo uno en Cristo y uno entre ellos, son sarmientos de la vid (Cristo) que deben producir "mucho fruto" (15:5). "Habrá un solo rebaño" (10:16) cuando Jesús traiga las "otras ovejas," pues hay "un solo pastor" que murió "para reunir en uno a los hijos de Dios que estaban dispersos" (11:50-52).

Pablo se refiere a la iglesia como "un solo cuerpo en Cristo" (Romanos 12:5) o "el cuerpo de Cristo" (1 Corintios 12:27) para acentuar la variedad de dones que poseen los miembros de la iglesia para el bien de todos. Colosenses 1:18 y Efesios 1:22-23 recalcan el señorío de Jesús sobre la iglesia, que es su cuerpo. Por lo tanto la iglesia recibe su unidad de "un Señor" (Efesios 4:5) bajo el cual vive. Al comparar los escritos del Nuevo Testamento surge una tremenda variedad de estructuras y de expresiones de unidad. No se presenta un solo patrón de ministerio o estructura. El nuevo Testamento también nos recuerda que en los períodos más tempranos de la iglesia ya habían disputas y divisiones (e.g., Hechos 6:1, 15:1-29; Gálatas 2:1-16; 1 Corintios 1:10-17, 3:1-4). De hecho, en varias ocasiones las enseñanzas que causaban división, así como los falsos maestros, fueron condenados (e.g., Romanos 16:17; Filipenses 3:2-20; 1 Juan 2:18-20, 4:1-4; 2 Juan; Judas).

A quienes perturbaban la unidad de la iglesia se les consideraba culpables de actuar erróneamente (Gálatas 2:11-20), ya que "no proceden con rectitud, según la verdad del Evangelio" (vs. 14; cf., 2:5) y necesitan volver a la verdad del Evangelio y a la fe en Cristo que son la base esencial para la comunión cristiana. El Evangelio presenta verdades que demandan una acción y una proclamación verdadera y fiel que corresponda con el Evangelio. Por lo tanto, es sólo en el Evangelio donde se puede alcanzar una unidad genuina.

Las Escrituras utilizan otro lenguaje significativo para describir a la iglesia. Pablo habla de "comunidad" (o "compañerismo," "compartir," "confraternidad") con los Filipenses en la proclamación del Evangelio (Filipenses 1:5, 7; 4:14, 15). La comunidad en el Evangelio, creada por el Evangelio, movió a los Filipenses a apoyar a Pablo económicamente mientras predicaba el Evangelio. El "Compartir" ("confraternidad") en la sangre y el cuerpo de Cristo produjo la unidad en un solo cuerpo (1 Corintios 10:16-17), mientras que el desdeño del Cuerpo del Señor en la iglesia fue causa de divisiones (1 Corintios 11:17-33). La bendición final de Pablo en 2 Corintios 13:13 deja claro que la comunión con el Espíritu Santo está basada en la gracia en Cristo Jesús y en el amor de Dios.

Los cristianos creen que Jesucristo no sólo anunció sino que también trajo el reino de Dios (Marcos 1:13-14). Sin embargo oran, "venga tu (del Padre) reino" en la oración del Señor (Mateo 6:10; Lucas 11:2). El Nuevo Testamento vacila constantemente entre el don dado con la vida, muerte y resurrección de Jesús y la realidad de que la iglesia espera el regreso de Jesús en cualquier momento para alcanzar la justicia, la unidad del pueblo de Dios, y el logro de una comunidad perfecta con Dios. Esta esperanza obliga a la iglesia a esforzarse para manifestar esta unidad y comunión en el aquí y el ahora.

Las Escrituras presentan una visión realista de la inclinación humana tanto a la separación como a la unidad que es posible mediante la unión en Cristo. La Biblia nos habla de la voluntad de Dios, y nos advierte de las constantes amenazas para lograr un compañerismo cristiano basado en la aceptación mutua. Tanto entonces, como ahora, es necesario orar, "Y el Dios de la paciencia y del consuelo os conceda tener los unos para con los otros los mismos sentimientos, según Cristo Jesús, para que unánimes, a una voz, glorifiquéis al Dios y Padre de nuestro Señor Jesucristo" (Romanos 15:5-6) y recordarnos de que "por tanto, acogeos mutuamente como os acogió Cristo para gloria de Dios" (Romanos 15:7).

Confesiones Luteranas

La inquietud por la unidad de la iglesia que presentan las Escrituras disfrutó de considerable prominencia en los primeros siglos de la historia de la iglesia. Esto recibió expresión en el Credo Apostólico y especialmente en el Credo Niceno Constantinopolitano del 381 D.C. Estos símbolos ecuménicos, junto al Credo Atanasio, fueron incluidos en el Libro de Concordia en 1580. Su inclusión, así como el contenido de los primeros artículos de la Confesión de Augsburgo, muestran el deseo de los Reformadores Luteranos de identificarse con la tradición bíblica y patrística.

Las Confesiones Luteranas fueron producto de un esfuerzo de reforma evangélica, la cual—contrario a su intención inicial—resultó en divisiones en el seno de la iglesia Occidental. Como documentos evangélicos, buscan enfatizar el entendimiento de la justificación mediante la gracia a través de la fe como criterio central para juzgar toda la doctrina y vida de la iglesia. Como documentos católicos, afirman que el Evangelio es esencial para que la iglesia sea una, santa, católica y apostólica. Ambas funciones son complementarias, no contradictorias. En casos donde una mala interpretación particular de la tradición católica entra en conflicto con el Evangelio, el veredicto clásico y confesional Luterano era y continúa siendo en favor del Evangelio. La preocupación principal es por la unidad de la iglesia de Cristo bajo el Evangelio, la preservación de la verdadera herencia católica, y la renovación de la iglesia entera. Esta inquietud de las Confesiones se hace evidente en lo siguiente:

1. Siempre apuntan a las Escrituras con su énfasis en la enseñanza de la verdad del evangelio—la cual consideran como el único fundamento eficaz para garantizar la unidad cristiana—como normativa. Debido a este énfasis evangélico, también apuntan a las confesiones bíblicas de un Señor y una iglesia como elementos claves en el entendimiento de la unidad cristiana.

2. Parten de los credos ecuménicos de antaño—el de los Apóstoles, el Niceno, y el de Atanasio—como "los tres símbolos principales". Los luteranos tienen siempre un fundamento común con quienes aceptan estos credos y la Biblia.

3. Se nutren de la reflección teológica de los líderes de la iglesia Oriental y Occidental de los primeros siglos, y así comparten esta fuente con quienes también reconocen a los teólogos de la era patrística.

4. Aunque muchas de las Confesiones Luteranas fueron formuladas en el contexto de los conflictos del siglo XVI y muestran su insistencia en las disputas con los católico-romanos, los reformados, los anabautistas, y aún con otros luteranos, también contienen, específicamente señalados o no, un gran número de puntos en los que se encuentran en acuerdo con estos grupos.

5. La Confesión de Augsburgo de 1530, principal documento confesional Luterano, pretende ser una expresión de la fe cristiana completamente católica tanto como evangélica. La

Primera Parte, que ofrece una lista de los principales artículos de la fe, declara que la Confesión se basa claramente en las Escrituras y no se aparta de la iglesia universal cristiana (o sea católica). Los confesores en Augsburgo sólo pedían que se les permitiera tener la libertad para predicar y adorar según el Evangelio. Estaban dispuestos, al aceptarse la legitimidad de estas reformas, a mantenerse en comunión con aquellos que no aceptaban necesariamente todas las formulaciones teológicas o prácticas reformistas (Confesión de Augsburgo, Prefacio, Artículo XV, Artículo XXVIII y la Conclusión). Es desde este contexto histórico que debe entenderse el Artículo VII: "Y para la verdadera unidad de la iglesia es suficiente (*satis est*) el acuerdo en la enseñanza del evangelio y en la administración de los sacramentos". Los confesores dejaron cabida para una diversidad de opiniones y para la discusión de muchos otros asuntos (véase los Artículos de Esmalcalda, Parte III, Introducción).

Ahora la situación histórica es otra. Hoy la iglesia Occidental se encuentra dividida en cientos de denominaciones. Es más, en el siglo XIX la urgencia por la proclamación misionera subrayó el escándalo de una iglesia dividida. Tales acontecimientos retan a la Iglesia Evangélica Luterana en América a esforzarse por alcanzar expresiones de unidad más amplias con tantas denominaciones como le sea posible.

Los luteranos pueden disentir en cuanto a la evaluación del contraste entre el siglo XVI y el presente. Algunos luteranos de la Iglesia Evangélica Luterana en América sostienen que la unidad ya se había quebrantado cuando los confesores presentaron la Confesión de Augsburgo en 1530. Otros aseveran que los confesores estaban tratando de mantener una unidad que todavía existía. Pero todos concuerdan en que el "*satis est*" del Artículo VII de la Confesión de Augsburgo, estableció un principio ecuménico tan válido hoy como lo fue en 1530. El Artículo VII de las Confesiones de Augsburgo sigue siendo ecuménicamente libertador gracias a su reclamo de que la fe católica se encuentra en la verdad del Evangelio, y que ésto es suficiente para la verdadera unidad de la iglesia.

En medio de la abundancia denominacional de nuestros días, el *satis est* provee un recurso y una base ecuménica para lograr mejores niveles de compañerismo (i.e. comunión) entre las iglesias divididas. El Artículo VII continúa siendo fundamental para la actividad ecuménica Luterana; su significado principal radica en conceder únicamente a aquello que lleva a la salvación, es decir, a la justificación por la gracia a través de la fe, ser signo y elemento constitutivo de la iglesia. Pero a pesar de la precisión y cohesividad del Artículo VII, éste no presenta una doctrina completa de la iglesia. En primera instancia no es una expresión mal entendida de una apertura y libertad ecuménica del orden, costumbre y práctica en la iglesia. Lo que presenta es esencial para el entendimiento de la unidad de la iglesia, pero de ninguna manera agota todo cuanto debe decirse al respecto. El significado principal del Artículo VII es que únicamente a aquello que lleva a la salvación, es decir, la justificación por la gracia a través de la fe, se le permite ser signo y elemento constitutivo de la iglesia. También es necesario reconocer las implicaciones evangélicas y eclesiológicas de la situación misionera de la iglesia global en nuestros tiempos, la cual no existía en el siglo XVI.

El Artículo VII de la Confesión de Augsburgo continua siendo ecuménicamente libertador gracias a su insistencia por establecer que el estar de acuerdo en lo que respecta al evangelio es suficiente para la unidad cristiana. Al buscar alcanzar comunión sin insistir en uniformidad doctrinal ni eclesiástica, los Luteranos ponen énfasis ecuménico en la formulación y expresión teológica de consenso común en el Evangelio. Hay espacio para reconocer, vivir, y disfrutar del compañerismo dentro del contexto de la búsqueda mutua de un mayor acuerdo teológico—la búsqueda crítica y constante por la verdad teológica del evangelio—para proclamarlo juntos en la situación crítica actual de nuestro mundo.

6. Otros documentos confesionales Luteranos, a pesar de diferir en su naturaleza y propósito intrínseco, se alinean con la Confesión de Augsburgo en asuntos de la unidad de la iglesia. Por ejemplo:

   a. El Catecismo Menor enseña de manera simple la fe evangélica y católica, a fin de que todo el pueblo de Dios pueda conocer esta fe.

   b. La Fórmula de Concordia de 1577 refleja, con detalle, el debate y desacuerdo teológico dentro del Luteranismo, y sugiere—a pesar de su énfasis en la refutación y condenación de errores y doctrinas contrarias—las posibilidades de resolver y reconciliar esas diferencias "bajo la guía de la Palabra de Dios".

En base a este entendimiento bíblico y confesional que se hace presente en su Confesión de Fe (Constitución de la IELA, Capítulo 2), la Iglesia Evangélica Luterana en América se identifica con esta visión más amplia de lo que es el pueblo de Cristo.

El capítulo 4 de la constitución, en su "Declaración de Propósito", establece que la Iglesia Evangélica Luterana en América está comprometida, tanto a la unidad Luterana, como a la unidad Cristiana (4.03.d y 4.03.f.).

El entendimiento del ecumenismo para la Iglesia Evangélica Luterana en América abarca más que las denominaciones Luteranas. Esta iglesia se regocija en los avances hacia un acuerdo respecto al Evangelio con otras iglesias de diferente herencia histórica y teológica. El nivel de apertura de otros grupos, así como nuestro propio compromiso confesional influyen en el desarrollo de relaciones y crecimiento en la unidad con "Todos aquellos que en cualquier lugar invocan el nombre de Jesucristo, Señor nuestro, de nosotros y de ellos" (1 Corintios 1:2).

B. Herencia Ecuménica

El siglo XX ha traído consigo un involucramiento continuo, activo y oficial de las iglesias, incluyendo a los cuerpos predecesores de la Iglesia Evangélica Luterana en América, en la lucha por vencer la división cristiana y expresar, a través del Espíritu de Dios, la unidad del pueblo de Cristo, de manera visible. El movimiento ecuménico se debe percibir como el levantamiento de cristianos, impulsados por el Espíritu, para comunicar con quienes les rodean, el llamado de Dios a que su iglesia sea una. Por lo tanto este movimiento es mucho más que conferencias y reuniones conciliares de las iglesias, aunque estos eventos sirven como señal para el movimiento ecuménico.

Antes de la Segunda Guerra Mundial ya habían Luteranos del norte de Europa y algunos de Norte América presentes en las Conferencias Misioneras Mundiales, que sirvieron de ímpetu primordial para el movimiento ecuménico moderno. Esta representación

Luterana también se hizo presente en Conferencias de Fe y Orden y Conferencias de Vida y Trabajo. Es verdad que al principio los Luteranos norteamericanos se comportaron vacilantes y cuidadosos, algunos más precavidos que otros, debido a su preocupación por la verdad confesional, mientras que otros aún con la misma preocupación confesional, estaban siendo más receptivos a la participación ecuménica. Con el tiempo, las conferencias se convirtieron en parte de una organización más continua y unificada, el Consejo Mundial de Iglesias.

Consejo de Iglesias

Para el año 1948 los Luteranos de Norte América ocuparon un lugar prominente en la formación del Consejo Mundial de Iglesias, e insistieron de manera exitosa en que la representación de cada iglesia fuese determinada mayormente en base a las familias confesionales. Para el término de la década, casi todos los grupos antecesores de la Iglesia Evangélica en América se hicieron miembros del consejo. En aquel entonces los Luteranos representaban el grupo confesional más grande en el consejo. El consejo ha prestado mucha atención a asuntos de unidad cristiana, misión, y servicio.

La participación de las iglesias que se unieron y sus miembros en los consejos de iglesias a nivel estatal y local, y en el Consejo Nacional de Iglesias de Cristo en E.E.U.U. ha sido en diferentes grados. Este envolvimiento conllevó a un mejor entendimiento de las oportunidades y desafíos de la actividad ecuménica.

Diálogos Ecuménicos

Para el año 1950 muchos de los Luteranos de Norte América se encontraban comprometidos de lleno a la asociación ecuménica alrededor del mundo y en este país. En la década posterior se involucraron activamente en el desarrollo de diálogos ecuménicos. A partir de 1965, estos diálogos recibieron un nuevo ímpetu gracias al ingreso de la iglesia Católico-Romana en el movimiento ecuménico, un evento subrayado y ratificado por el Concilio Vaticano Segundo. También se iniciaron o continuaron diálogos con los Reformados, los Presbiterianos, los Episcopales, los Metodistas Unidos, los Ortodoxos, los Bautistas, y los evangélicos conservadores. La participación en los diálogos por parte de los cuerpos predecesores de la Iglesia Evangélica Luterana en América fue unificada a través del Consejo Nacional Luterano, luego conocido como el Consejo Luterano en E.E.U.U., y la Federación Luterana Mundial. La unidad Luterana y Cristiana iba progresando simultáneamente.

Para el año 1982 cuando se aprobó oficialmente la comisión para planear la unión que produjo a la Iglesia Evangélica Luterana en América, los desarrollos ecuménicos estaban expandiéndose rápidamente.

Federación Luterana Mundial

La membrecía y participación activa por parte de las iglesias que se unieron para formar la Federación Luterana Mundial produjo nuevas percepciones ecuménicas. En la asamblea de la FLM en 1984, las iglesias que eran miembros de la federación se declararon en *comunión de altar y púlpito*. Las iglesias de la Federación se declararon como una comunión de iglesias. Puede que esta declaración afecte profundamente la esencia misma de la federación y el entendimiento de las relaciones entre las iglesias que la conforman así como con las iglesias que no son miembros. La asamblea de la FLM de 1984 también adoptó el entendimiento de unidad presentado a continuación, que es compatible con la visión presentada en el documento adjunto de la Iglesia Evangélica Luterana en América:

> La verdadera unidad de la iglesia, que es la unidad del cuerpo de Cristo y toma parte en la unidad del Padre, del Hijo, y del Espíritu Santo, es dada en y a través de la proclamación del Evangelio en Palabra y Sacramento. Esta unidad se expresa mediante la comunión mutua y al mismo tiempo en la confesión multiforme de la fe apostólica, que es una y la misma. Es una comunión del Santo Bautismo y la cena eucarística, una comunión en la que todos y cada uno de los ministerios son reconocidos por todos como expresiones del ministerio instituido por Cristo en su iglesia. Es una comunión donde las diferencias contribuyen a la plenitud, dejando de ser barreras a la unidad. Es un compañerismo comprometido, capaz de hacer decisiones y tomar acción de manera comunitaria.

La diversidad presente en esta comunión proviene de los diferentes contextos culturales y étnicos en los que la única iglesia de Cristo vive su misión, así como de las varias tradiciones en las que la fe apostólica ha sido mantenida, transmitida, y vivida a través de los siglos. Al reconocer estas diferencias como expresiones de la única fe apostólica y de la iglesia católica, se cambian las tradiciones, se superan los antagonismos, y se eliminan las condenaciones mutuas. Las diferencias son reconciliadas y convertidas en una multiformidad legítima e indispensable dentro del cuerpo de Cristo.

Esta comunión vive conforme a su unidad al confesar la única fe apostólica. Se congrega en adoración e intercesión por todos los pueblos. Se hace activa en su testimonio común de Jesucristo, en la defensa de los débiles, los pobres y los oprimidos, y en la lucha por la paz, la justicia y la libertad. Todos sus componentes se encuentran ordenados en estructuras y acciones conciliares. Se encuentra constantemente en necesidad de renovación y al mismo tiempo, es un anticipo de esa comunión, que el Señor ha de realizar en su reino al final de todos los tiempos.

La participación ecuménica en la celebración de los 450 años de la Confesión de Augsburgo en 1980 y los 500 años del nacimiento de Martín Lutero en 1983 infundieron ánimo a los Luteranos Americanos.

Posiciones de las Iglesias Predecesoras

En 1978, la Iglesia Luterana Americana (ALC) y la Iglesia Luterana en América (LCA) aprobaron una "Declaración sobre Prácticas de Comunión". La Sección II de ese documento de política titulada Recomendaciones para la Práctica, que fue aprobada por ambas iglesias en sus respectivas convenciones, incluía una subdivisión referente a la intercomunión. Esta subdivisión proveía guías para la participación eucarística en contextos Luteranos y reuniones ecuménicas.

En su decimoprimera convención bienal de 1982, la Iglesia Luterana en América aprobó el documento "Ecumenismo: Un Compromiso Luterano" como su posición oficial. Esta declaración se estableció como la base para un programa deliberado de estudio y actividad ecuménica. Tres años después, el Consejo Eclesial de la Iglesia Luterana Americana aprobó un documento similar titulado "Perspectiva y Guías Ecuménicas". Por ello, dos de las iglesias predecesoras tenían declaraciones recientes y sólidas expresando su justificación para su envolvimiento ecuménico.

En 1982 las tres iglesias predecesoras entraron en el "Acuerdo Luterano-Episcopal" con la Iglesia Episcopal en los Estados Unidos. Luego de años de diálogos bilaterales, estas iglesias pudieron entrar a un nuevo nivel de compañerismo que permitía el reconocimiento mutuo de las iglesias, oración y estudio conjunto, compromiso conjunto de evangelismo y misión, participación interina en la Eucaristía, diálogos en el futuro, y un compromiso a trabajar hacia una comunión completa. Este acuerdo entró en la vida de la Iglesia Evangélica Luterana en América en 1988.

En 1984 la tercera serie de diálogos entre Luteranos y Reformados dio un informe a las iglesias. Las recomendaciones de este informe confrontó a las iglesias predecesoras con preguntas críticas. La aceptación del informe de este diálogo, *Una Invitación a la Acción*, no fue pareja. Las tres iglesias predecesoras reconocieron a la Iglesia Reformada en América y a la Iglesia Presbiteriana (E.E.U.U.) como iglesias que predican el Evangelio, y se comprometieron a realizar proyectos conjuntos y al menos, a un número limitado de expresiones de adoración conjunta. La Asociación de Iglesias Evangélicas Luteranas y La Iglesia Luterana Americana iniciaron una nueva relación con la Iglesia Presbiteriana (E.E.U.U.) y la Iglesia Reformada en América en 1986. La Iglesia Luterana en América tomó acción en 1986 en conforme a, pero sin exceder la "Declaración en Prácticas de Comunión" de 1978. Con la Formación de la Iglesia Evangélica Luterana en América, las relaciones establecidas en 1986 cesaron. Los compromisos hacia relaciones más plenas con la Iglesia Reformada en América y la Iglesia Presbiteriana (E.E.U.U.), establecidas por las tres iglesias predecesoras en 1986, se dejaron como un desafío a la Iglesia Evangélica Luterana en América.

Todos estos eventos señalan que la recepción oficial de los resultados presentados por los diálogos, se ha convertido en un asunto de gran importancia ya que estos informes requieren que las iglesias promotoras tomen acciones específicas. Tales peticiones destacan la necesidad de que las iglesias tomen seriamente la recepción del trabajo de estos diálogos como parte de su vida y fe.

Fuentes

Durante la Formación de la Iglesia Evangélica Luterana en América

Entre 1982 y la formación de la Iglesia Evangélica Luterana en América, los tres obispos de las iglesias predecesoras, y otros líderes, establecieron relaciones con destacados líderes eclesiásticos alrededor del mundo. Estas asociaciones ya tenían antecedentes en años anteriores, pero la deliberada intensidad de los contactos hechos durante los ochenta formaron nuevos niveles de confianza, un compromiso para la unidad de la iglesia, y un potencial para nuevos avances ecuménicos.

En 1983 la Comisión para Fe y Orden del Consejo Mundial de Iglesias transmitió a las iglesias el documento *Bautismo, Eucaristía y Ministerio* a fin de que lo analizaran y aceptaran. Dos de las iglesias que formarían la Iglesia Evangélica Luterana en América respondieron oficialmente a este texto en el cual se presentan las convergencias. La reacción de las iglesias alrededor del mundo ha demostrado un interés abrumador en lo que se ha convertido y continuará siendo un proceso ecuménico muy importante.

Los años previos al surgimiento de la Iglesia Evangélica Luterana en América representaron un período de abundante crecimiento ecuménico que fue ofrecido al nuevo cuerpo eclesiástico al iniciar su vida.

II. Declaración de Compromiso Ecuménico: Un Pronunciamiento de la Política de la Iglesia Evangélica Luterana en América[2]

A. La Base: Una Iglesia Confesional que es Evangélica, que es Católica, y que es Ecuménica

La Iglesia Evangélica Luterana en América es una iglesia confesional, tal como lo declara el Capítulo 2 de su constitución ("Confesión de Fe"). Sus confesiones enseñan que la comunidad en Cristo, proclamada en el Evangelio y los sacramentos, es la base para la unidad de la iglesia. La Confesión de Augsburgo, en el Capítulo VII, subraya ésto al declarar que "para la verdadera unidad de la iglesia es suficiente el acuerdo en la enseñanza del evangelio y en la administración de los sacramentos".

La unidad de la iglesia, tal como se le proclama en las Escrituras, es un don y una meta de Dios en Jesucristo. El ecumenismo es la experiencia festiva de la unidad del pueblo de Cristo, así como la tarea seria de expresar esa unidad de manera visible y estructural, a fin de promover la proclamación del Evangelio para bendición de la humanidad. Mediante su participación en el quehacer ecuménico, la Iglesia Evangélica Luterana en América busca tener apertura en la fe para la obra del Espíritu, a fin de manifestar con mayor plenitud la unidad en Cristo.

---

2. El texto en sí, adoptado por la segunda Asamblea General de la Iglesia Evangélica Luterana en América el 31 de Agosto de 1991, bajo el título de "Declaración de Compromiso Ecuménico: Un Estatuto de la Política de la Iglesia Evangélica Luterana en América" comienza desde aquí.

En relación a otras iglesias, debido a sus confesiones, la Iglesia Evangélica Luterana en América, bajo el señorío de Jesucristo, se entiende a sí misma y se involucra en la misión de Dios como una iglesia que es evangélica, que es católica, y que es ecuménica. Su carácter confesional no se opone a su compromiso ecuménico, sino que le es necesario debido al Evangelio.

La intensión de esta descripción pretende ayudar a esta iglesia en la comprensión de su naturaleza ecuménica. Por lo tanto no debe tomarse como substituto a las marcas tradicionales de la iglesia de "una, santa, católica, y apostólica" a las cuales esta iglesia se ha comprometido bajo su subscripción confesional. Tampoco es una lista de características que se han de exigir de otras iglesias como requisito para que esta iglesia entable relaciones ecuménicas con ellas.

Ser *evangélica* significa que está comprometida al Evangelio de Jesucristo (Romanos 1:16; Marcos 1:1). La iglesia es creada por el Evangelio. El Evangelio es más que la recolección humana o nuestra confesión de lo que Dios ha hecho en el pasado, en Israel, y de manera única en Jesús de Nazaret (2 Corintios 5:19a). Este es la proclamación con el poder de la actividad de Dios en Cristo y en su resurrección (2 Corintios 5:19b-21). Es decir, un evento que nos abre al futuro del amor eterno de Dios, quien mediante Cristo crucificado y resucitado, nos justifica, nos reconcilia, y nos hace nuevas criaturas (2 Corintios 5:17-18). Este Evangelio es incondicional ya que anuncia la promesa segura y certera de Dios, que justifica al impío en Cristo por gracia mediante la fe, sin obras; y sin parcialidad lo provee a toda persona. Este Evangelio es escatológico ya que anuncia la destrucción del último enemigo, la muerte, cuando Cristo entregue el reino a Dios el Padre, y cuando Dios sea todo en todo (1 Corintios 15:24-28). Este anuncio le provee una visión a la iglesia que le ha de informar y guíar en su actividad ecuménica.

Ser *católica* significa estar comprometida con la plenitud de la fe apostólica y su articulación doctrinal para todo el mundo (Romanos 10:8b-15, 18b; Marcos 13:10; Mateo 28:19-20). Este término "católica" declara que la iglesia es una comunidad cuyas raíces se encuentran en el evento de Cristo, y que se extiende a través de todo tiempo y lugar. Reconoce que Dios ha juntado y continúa juntando a un pueblo, convirtiéndolo en una comunidad santificada en el Evangelio, el cual ésta recibe y proclama. Esta comunidad, un pueblo bajo Cristo, comparte la fe católica en Dios Trino, da honor a las Santas Escrituras y depende de ellas como fuente de autoridad y norma para la proclamación de la iglesia, recibe el Santo Bautismo y celebra la Santa Cena, incluye un ministerio ordenado, y profesa a la iglesia que es una, santa, católica y apostólica.

Ser *ecuménico* significa estar comprometido con la unidad a la cual llama Dios al mundo en el don salvador de Jesucristo. También significa reconocer la fragmentación de la iglesia en la historia y el llamado de Dios, especialmente en este siglo, a reconciliar esta división del pueblo de Cristo. A través del Espíritu Santo, Dios vivifica a la iglesia en este ministerio. En sus esfuerzos por ser ecuménica esta iglesia:

1. busca manifestar la unidad que Dios desea para la iglesia en un futuro que está abierto a la dirección de Dios;

2. busca entender y valorar su pasado, su historia, y sus tradiciones en toda su riqueza y variedad, tomándolos como dones de Dios, incompletos aún al movernos por fin hacia la unidad en Cristo;

3. contribuye y aprende, intentando, no restaurar el pasado a su estado o condición original, sino acercándose a la manifestación de la unidad en Cristo y por ende a otros cristianos;

4. se compromete a compartir con otros en la adoración del Dios Trino, en la tarea de proclamar el Evangelio a todos, y en compartir con otros el alzar de voces y manos para promover la justicia, mitigar la miseria, y reconciliar al mundo enajenado y sufriente;

5. Llama a sus miembros a arrepentirse por aquello en lo que han contribuido a la separación del pueblo de Cristo, ya sea por omisión o comisión;

6. urge a cada uno de sus miembros a orar, tanto dentro de sus propias iglesias así como con miembros de otras iglesias, para que la unidad de la iglesia atienda a nuevas actitudes, esté dispuesta a sacrificar aquello que no es esencial, tomando parte activa—incluyendo la acogida, si es posible—de acuerdos ecuménicos, todo en el nombre de la unidad de la iglesia.

7. reconoce que la prueba de la verdad depende de la resistencia a la unidad a pesar de la unidad en el Evangelio; y

8. busca expresar la unidad de Cristo en diversos modelos de unidad, que son consistentes con el Evangelio y la misión de la iglesia.

B. Postura de la Iglesia Evangélica Luterana en América

La Confesión de Fe de la Iglesia Evangélica Luterana en América (Constitución de la IELA, Capítulo 2) puede ser descrita como evangélica, católica y ecuménica. Se confiesa al Dios Trino, Padre, Hijo y Espíritu Santo, con referencia especial a la obra redentora de la Segunda Persona. Las Escrituras canónicas se aceptaron como la palabra inspirada de Dios y como norma de la vida y proclamación de la iglesia. Se aceptan los tres credos ecuménicos como declaraciones verdaderas de la fe. La Confesión de Augsburgo se acepta como testimonio verdadero del Evangelio y como base para la unidad, mientras que otras Confesiones Luteranas se aceptan como interpretaciones válidas de la fe. El lenguaje empleado en este capítulo refleja deliberadamente un orden de autoridades antiguas, católicas y ecuménicas. Los escritos propiamente Luteranos son tomados como testigos verídicos e interpretaciones válidas de declaraciones más tempranas las cuales poseen una autoridad mayor. El capítulo cierra con una confesión del Evangelio entendido como el poder de Dios para crear y sostener la misión de la iglesia. Por ello el Evangelio, "sólo Cristo", es la clave para el entendimiento de las Escrituras, los credos, y las confesiones.

Las características evangélicas, católicas y ecuménicas de la confesión de fe de esta iglesia encuentran expresión adicional en los capítulos de la constitución de la IELA que tratan sobre "La Naturaleza de la Iglesia" (Capítulo 3), "Declaración de Propósito" (Capítulo 4) y "Fundamentos de Organización" (Capítulo 5).

Esta iglesia es intrépida al extenderse simultáneamente en varias direcciones hacia todos aquellos con quienes puede estar de acuerdo en cuanto al Evangelio sin establecer prioridades entre denominaciones cristianas o grupos no cristianos. Por lo tanto, la Iglesia Evangélica Luterana en América, como miembro de la comunión Luterana mundial, no se compromete únicamente con grupos Luteranos o Protestantes, ni exclusivamente al reacercamiento con el Catolicismo Romano o al desarrollo de relaciones con los Ortodoxos.

De manera aún más audaz, la Iglesia Evangélica Luterana en América toma su herencia teológica con tal seriedad, que cree que la palabra justificadora de Dios excluye todo modelo de autojustificación eclesiástica que ha resultado de la herencia polémica del

Declaración de Compromiso Ecuménico

siglo dieciséis. La palabra inicial que la iglesia expresa ecuménicamente, muy bien puede ser una de autocrítica; expresándose contra sí misma pues somos llamados a buscar una verdad que va más allá que todos nosotros y que condena nuestro parroquialismo, imperialismo, y preocupación por nosotros mismos. Si la iglesia puede llegar a expresar esta palabra de autocrítica, encontrará la libertad para rechazar un entendimiento triunfalista y magisterial de sí misma, pudiendo cultivar en su lugar un entendimiento propio como comunidad misionera y dar testimonio de su búsqueda por ser capaz de prestar servicio a la irrupción del reino de Dios. De esta manera la visión ecuménica de la Iglesia Evangélica Luterana en América no será dominada por atender a las controversias y divisiones teológicas de antaño. En vez, se enfocará en la reflexión teológica tanto *presente* como *futura*, y la acción misiólogica.

C. Formas de Ecumenismo

El ecumenismo debe penetrar, informar y vitalizar cada aspecto de la vida y fe de la iglesia pues se encuentra ligado al Evangelio y a la misión en nuestro mundo. El demuestra la necesidad que tiene la iglesia de ser interdependiente e inclusiva. La interdependencia entre las entidades de esta iglesia, y la inclusividad que practica esta iglesia en medio de las divisiones en la sociedad son manifestaciones importantes de la unidad de la iglesia. Por lo tanto esta iglesia está comprometida a la participación de mujeres y hombres en el ministerio ordenado y en las estructuras de organización. Esto debe hacerse evidente para quienes se encuentran, tanto dentro, como fuera de la iglesia, en la medida en que ella prosiga su misión. Existe una relación extremadamente estrecha entre la unidad de la iglesia y su misión (Juan 17:20-23).

Desde su postura evangélica, católica, y ecuménica, teniendo una relación obviamente estrecha con su misión, la Iglesia Evangélica Luterana en América se encuentra en la libertad de buscar formas estructurales, ministeriales, y de acción común tales que puedan proveer un testimonio verdadero de la fe cristiana y una expresión efectiva del amor de Dios en Cristo. Tal ecumenismo caracterizará a la iglesia en todas las manifestaciones de su vida. Al tomar iniciativa los sínodos y las congregaciones en actividades ecuménicas, la iglesia entera puede beneficiarse y aprender. Al mismo tiempo cuando la iglesia entera provee guías en su política para las congregaciones, se convierte en el canal a través del cual cada congregación puede ejercer un ministerio al mundo entero en la totalidad de la familia de la fe.

La Iglesia Evangélica Luterana en América se involucra a nivel local, regional, nacional, en consejos mundiales de iglesias, así como con otras agencias ecuménicas. En estas relaciones la Iglesia Evangélica Luterana en América es dirigida por el principio *evangélico* y el principio *representativo*.

El principio *evangélico* significa que se establecerán membresías oficiales únicamente con organizaciones ecuménicas formadas exclusivamente por iglesias que confiesan a Jesucristo como Señor y Salvador divino.

El principio *representativo* significa que en toda organización ecuménica los representantes oficiales de las iglesias no deben equipararse a individuos que únicamente se representan a sí mismos, o que representan organizaciones que son menos que iglesias.

Cualquier excepción necesaria a la práctica de estos principios debido a situaciones locales, puede ser establecida por un sínodo bajo la consulta del Departamento Para Asuntos Ecuménicos de la Iglesia Evangélica Luterana en América.

La Iglesia Evangélica Luterana en América participa activamente en diálogos bilaterales y multilaterales, sin considerarlos competitivos sino más bien como medios que se refuerzan el uno al otro para el avance ecuménico. Al mismo tiempo busca otros medios, tales como esfuerzos misioneros conjuntos, instrucción religiosa y el uso de medios de comunicación masivos para crecer en el entendimiento y acuerdo mutuo con otras iglesias.

Estos esfuerzos, que incluyen estudios, oración y adoración conjuntos, deben existir en todas las diferentes expresiones organizativas de la Iglesia Evangélica Luterana en América y otras iglesias. Todas estas actividades deben ser fomentadas y servir como medios de información mutua. El ecumenismo local y sus formas tanto sinodales como regionales proveen un campo fértil de progreso y desafío para la unidad de la iglesia. Este tiene mucho que enseñar y que aprender del movimiento ecuménico nacional e internacional. La primera experiencia de ecumenismo para la mayoría de los cristianos es a través de sus congregaciones, en las reuniones locales de los creyentes que se relacionan con otras reuniones locales de diferentes tradiciones, las cuales comparten el mismo Señor, el mismo Bautismo, y la misma misión.

La Iglesia Evangélica Luterana en América es parte de una comunidad Luterana mucho más amplia. Vive en comunión de púlpito y altar con otras iglesias miembros en una comunión expresada en la Federación Luterana Mundial. Aunque sus acciones ecuménicas deben ser propias, tiene la responsabilidad de informar de estas acciones a aquellas iglesias con las cuales sostiene relaciones estrechas así como de considerar sus comentarios y respuestas.

La meta y el enfoque del ecumenismo es la claridad de entendimiento entre los cristianos, así como una mayor comprensión de la unidad del pueblo de Cristo. Como tal, se encuentra íntimamente ligado a la misión del Evangelio en todo el mundo. No debe confundirse con la responsabilidad, importante pero diferente de la iglesia, de conversar y llegar a un mejor entendimiento con personas de otras creencias. La Iglesia Evangélica Luterana en América se involucra de diversas maneras en esta tarea, y necesita en el futuro un pronunciamiento oficial separado para describir su compromiso y aspiraciones en esta área. Al prepararse esa declaración, se debe prestar atención especial a la peculiaridad del Judaísmo.

D. Metas y Etapas de Relaciones

La iglesia Evangélica Luterana en América participa activamente en el movimiento ecuménico debido a su deseo por alcanzar la unidad Cristiana. Busca alcanzar como meta lograr la comunión plena—o sea la realización de unidad más completa posible—con todas aquellas iglesias que confiesan al Dios Trino, antes de la parousia. La Iglesia Evangélica Luterana en América, como iglesia y como miembro de la comunión de iglesias de la Federación Luterana Mundial, busca alcanzar esta meta a fin de expresar la unidad de la iglesia y llevar a cabo de la mejor manera la misión de la iglesia en su proclamar y en su actuar.

La comunión plena, que es un don de Dios, está fundamentada en la fe en Jesucristo. Es el compromiso a la verdad en amor, y testimonio a la liberación y reconciliación de Dios. La comunión plena es visible, sacramental, y abarca todo lo que los Luteranos quieren decir con el término "comunión de púlpito y altar", pero se extiende aún más allá de esta formulación histórica debido a la misión obligatoria que le da el Evangelio. La comunión plena es obviamente una meta que las iglesias divididas luchan por alcanzar bajo la dirección del Espíritu de Dios, pero que no la han alcanzado aún. Señala a la comunión plena y a la unidad que vendrá para todos los cristianos con el advenimiento del reino de Dios y la parousia de Cristo, el Señor. Es también una meta que necesita ser definida continuamente. Encuentra sus raíces en el acuerdo logrado en asuntos esenciales, mientras que permite diversidad en asuntos no esenciales.

En la mayoría de los casos las iglesias no podrán pasar directamente de su separación a una expresión completa de la unidad dada por Dios. Pero sí pueden esperar pasar por una transición de la separación a la unidad en la que se experimente una o más de las siguientes etapas de estas relaciones:

1. *Cooperación Ecuménica.* Aquí es donde la Iglesia Evangélica Luterana en América entabla relaciones ecuménicas con iglesias, concilios eclesiásticos, y otras agencias ecuménicas basándose en los principios *evangélico* y *representativo.* Ya que estos principios tienen que ver específicamente con grupos eclesiásticos y ecuménicos, la Iglesia Evangélica Luterana en América debe establecer sus principios de relación con personas de diferente fe (o sea, en diálogos con grupos de otras creencias en esfuerzos de cooperación y de caridad, o vindicación) en otro documento.

2. *Diálogos Bilaterales y Multilaterales.* Es aquí donde la Iglesia Evangélica Luterana en América dialoga, siguiendo distintas instrucciones, con aquellos que están de acuerdo con los principios evangélico y representativo, confiesan al Dios Trino, y comparten el compromiso a la "conversión ecuménica". Esta conversión o arrepentimiento incluye la apertura a nuevas posibilidades bajo la dirección del Espíritu de Dios.

3. *Reconocimiento Preliminar.* Es aquí donde la Iglesia Evangélica Luterana en América puede involucrarse en el compartir de la eucaristía y la cooperación al nivel de iglesia a iglesia, sin necesidad de intercambiar ministros.

    a. Una primera etapa requiere los puntos 1. y 2. anteriormente presentados, además del reconocimiento parcial y mutuo de iglesia y sacramentos con un acuerdo doctrinal parcial.

b. Una segunda etapa requiere los puntos 1., 2. y 3a, el reconocimiento parcial y mutuo del ministerio ordenado y de las iglesias, un mayor acuerdo doctrinal, el compromiso para trabajar hacia la comunión plena y un acuerdo preliminar de eliminar cualquier condenación mutua. Puede que ésto se manifieste en lo que los Luteranos han entendido muchas veces como comunión de púlpito y altar.

4. **Comunión Plena.** Al llegar a esta etapa, ya se ha alcanzado por completo la meta de envolvimiento de esta iglesia en el movimiento ecuménico. Es necesario aquí responder de manera práctica a la pregunta de cómo ha de ser la forma de la comunión plena, de tal manera que se tome en cuenta lo que ha de promover, de la mejor manera, la misión de la iglesia en cada caso individual, siendo consistentes con el entendimiento Luterano del fundamento para la unidad de la iglesia que se encuentra en el Artículo VII de la Confesión de Augsburgo.

Para la Iglesia Evangélica Luterana en América las características de la comunión plena son implicaciones teológicas y misiológicas del Evangelio que permiten variedad y flexibilidad. Estas características acentuan que la iglesia debe actuar de manera ecuménica por el bien del mundo, y no sólo por su propio bien. Al menos incluirán lo siguiente, de lo cual parte ya existe en etapas anteriores:

1. una confesión común de la fe cristiana;
2. un reconocimiento mutuo del Bautismo y el compartir de la Santa Cena, permitiendo la adoración conjunta y el intercambio de miembros;
3. un reconocimiento mutuo y disponibilidad de ministros ordenados para el servicio de todos los miembros de las iglesias que comparten comunión plena, sujeto sólo, aunque siempre, a las reglas de disciplina de las otras iglesias;
4. un compromiso común al evangelismo, al testimonio, y al servicio;
5. un medio para establecer decisiones en común en asuntos críticos compartidos relacionados a la vida y a la fe;
6. la eliminación mutua de toda condenación que exista entre las iglesias.

Mantenemos que esta definición y descripción de la comunión plena es consistente con el artículo VII de la Confesión de Augsburgo que dice "Para la verdadera unidad de la iglesia cristiana es suficiente que se predique unánimemente el evangelio conforme a una concepción genuina de él y que los sacramentos se administren de acuerdo a la palabra divina". El acuerdo con el Evangelio puede ser alcanzado sin necesidad de adoptar las mismas fórmulas confesionales Luteranas. En cuanto al orden y las estructuras para la toma de decisiones, ésto permite decisiones más flexibles y orientadas a situaciones concretas. No demanda una unidad orgánica, aunque tampoco elimina la posibilidad de la misma. Esta definición concuerda también con el entendimiento de unidad adoptado por la Séptima Asamblea de la Federación Luterana Mundial de 1984, titulada "La Unidad que Buscamos" (citada bajo la sección de esta declaración de la Federación Luterana Mundial).

Conclusión

La Iglesia Evangélica Luterana en América busca ser fiel a sus fundamentos bíblicos y confesionales. Como iglesia confesional que es evangélica, católica, y ecuménica esta iglesia aspirará hacia la meta de comunión plena, regocijándose en todo acercamiento hacia esta meta.

Ökumenismus: Grundorientierung der Evangelisch-Lutherischen Kirche in Amerika

I. Quellen[1]

Die Evangelisch-Lutherische Kirche in Amerika (ELKA) ist in ihrem Glauben und Leben darum bemüht, "die dem Volk Gottes geschenkte Einheit zum Ausdruck zu bringen durch ihr Zusammenleben in der Liebe Christi und durch Gemeinschaft mit anderen Christen im Beten und Handeln, um die durch den Heiligen Geist geschenkte Einheit sichtbar zu machen und zu bewahren" (Verfassung der ELKA, 4.02f.). Im folgenden wird zunächst ein Überblick über verbindliche Quellen gegeben, die dem Ökumenismus der "Gemeinschaft mit anderen Christen" als Grundlage dienen, und grob die geschichtliche Entwicklung der lutherischen ökumenischen Erfahrung umrissen, um Kontinuität mit den vorhergehenden Kirchen herzustellen.

A. Biblische, bekenntnismässige und konstitutionelle Grundlagen

In Bezug auf ihre Beteiligung an der ökumenischen Bewegung ist die Evangelisch-Lutherische Kirche in Amerika von ihrer Verfassung

---

1. Der Text dieser Erklärung ist im zweiten Teil des folgenden Dokuments abgedruckt (s.S. 69). Der erste Teil dieses Dokuments wurde ursprünglich als "Ökumenismus: Grundorientierung der Evangelisch-Lutherischen Kirche in Amerika" vorgelegt und von der ersten Generalversammlung der ELKA am 25. August 1989 in Chicago als "Arbeitsdokument" angenommen. Dieser Teil wurde in überarbeiteter Form der 2. Vollversammlung zur Information, aber nicht zur Annahme, unterbreitet. Die zweite Generalversammlung (Generalsynode) der Evangelisch-Lutherischen Kirche in Amerika (ELKA) faßte am 31. August 1991 den Beschluß, "Die 'Erklärung zur ökumenischen Verpflichtung: Eine Grundsatzerklärung der Evangelisch-Lutherischen Kirche in Amerika' in ihrer abgeänderten Fassung als für diese Kirche maßgebend anzunehmen." Ja–919; nein–67; sich enthalten–4.

German translation copyright © 1994 Augsburg Fortress.

her gebunden an ihr Verständnis der Heiligen Schrift und der lutherischen Bekenntnisschriften.

Das Zeugnis der Heiligen Schrift

Was ihr Verständnis des Ökumenismus anbetrifft, so bezieht sich die Kirche auf die reiche und vielfältige Sprache der Schrift. Ein wesentliches Thema ist die Einheit aller Völker. Die Ankündigung der Einheit beginnt mit der Erzählung von dem einen Gott, der das ganze Weltall und alle Völker schafft und regiert (1. Mose 1–11). Der Turmbau zu Babel führte zur Zersplitterung der Menschheit. Als Antwort darauf unterstrich Gottes Verheißung an Abraham, "in dir sollen gesegnet werden alle Geschlechter auf Erden" (1. Mose 12, 3), den gnadenvollen Willen Gottes für alle Menschen. Nach Gottes Plan sollte Israel seinen Willen erfüllen. So singt der Knecht: "Und nun spricht der Herr, der mich von Mutterleib an zu seinem Knecht bereitet hat, daß ich Jakob zu ihm zurückbringen soll und Israel zu ihm gesammelt werde . . . ; er spricht: Es ist zu wenig, daß du mein Knecht bist, die Stämme Jakobs aufzurichten und die Zerstreuten Israels wiederzubringen, sondern ich habe dich auch zum Licht der Heiden gemacht, daß du seist mein Heil bis an die Enden der Erde" (Jesaja 49, 5–6; vgl. Jesaja 42, 6). Deshalb rufen Israels Psalmisten und Propheten die ganze Erde und alle Völker dazu auf, sich in der Anbetung, Verherrlichung und Verkündigung des Gottes der Herrlichkeit, der Gerechtigkeit, des Heils und Segens zu vereinen (Psalm 96–100; Jesaja 45, 22-23, 55, 1-5, 60, 1-3).

Die Einheit Gottes ist der Anfangs- und Schlußpunkt von bedeutsamen neutestamentlichen Stellen, in denen von der Einheit der Kirche die Rede ist. In Epheser 4 findet die Aussage des Paulus "ein Herr, ein Glaube, eine Taufe" (Vers 5) ihren Höhepunkt in einer doxologischen Feier des "ein Gott und Vater aller, der da ist über allen und durch alle und in allen" (Vers 6; vgl. Philipper 2, 10–11). Der Zweck des Dienstes in all seiner Vielfalt (Vers 11-12) besteht darin, die Kirche zur Einheit im Glauben und in der Erkenntnis des Sohnes Gottes zu bringen (Vers 13). Es geht daher um einen Dienst, der um die Wahrheit (Vers 14-15a) und das Wachsen in der Einheit in Christus (Vers 15b-16) bemüht sein muß.

In Johannes 17 verbindet Jesu Gebet für seine Jünger am Vorabend seines Todes am Kreuz die Einheit eindeutig mit Wahrheit und Sendung. "Heilige sie in der Wahrheit; dein Wort ist die Wahrheit" (Vers 17) leitet über zu "wie du mich gesandt hast in die Welt, so sende ich sie auch in die Welt" (Vers 18). Danach betet Jesus "damit sie alle eins seien, wie du, Vater, in mir bist und ich in dir" (Vers 21a). Die Einheit der Jünger ist von der Einheit mit Gott abhängig, wenn Jesus zum Vater sagt: "so sollen auch sie in uns sein". Und das Ziel der Einheit liegt in der Sendung "damit die Welt glaube, daß du mich gesandt hast" (Vers 21b). Im Sinne des Gebetes Christi wird der Kirche die Einheit nicht um der Kirche willen gegeben, sondern damit die Kirche sich um des Evangeliums willen der Welt mit ihrem Sendungsauftrag zuwendet. Die Kirche verwirklicht ihre Einheit in ihrem Handeln und nicht lediglich durch theologische Gespräche.

Andere Stellen bei Johannes zeigen, daß die Jünger in ihrem Einssein mit Christus und untereinander Reben am Weinstock (Christus) sind, die Frucht bringen sollen (15, 5). Wenn Jesus die "anderen Schafe" bringt, wird es "eine Herde" werden (10, 16), weil es "einen Hirten" gibt, der gestorben ist, um die verstreuten Kinder Gottes "zusammenzubringen" (11, 50–52).

Paulus spricht von der Kirche als "ein Leib in Christus" (Römer 12, 5) oder "Leib Christi" (1. Korinther 12, 27), um die Vielfalt der Gaben, die in den Gliedern der Kirche zum Wohl aller vorhanden sind, hervorzuheben. Kolosser 1, 18 und Epheser 1, 22-23 betonen das Herrsein Jesu über die Kirche, seinen Leib. So empfängt die Kirche ihre Einheit von dem "einen Herrn" (Epheser 4, 5), unter dem sie lebt. Vergleicht man die neutestamentlichen Schriften miteinander, so zeigt sich eine Vielfalt von Ausdrucksformen der Einheit und der strukturellen Gestaltung. Es gibt keine einheitliche Grundgestalt des Amtes oder der Struktur. Das Neue Testament erinnert uns auch daran, daß es in der frühesten Zeit des Bestehens der Kirche Streitigkeiten und Spaltungen gab (z.B. Apostelgeschichte 6, 1 und 15, 1-29; Galater 2, 1-16; 1. Korinther 1, 10-17 und 3, 1-4). Bei mehreren Gelegenheiten wurden sogar trennende Lehren und falsche Lehrer verworfen (z.B. Römer 16, 17; Philipper 3, 2-20; 1. Johannes 2, 18-20 und 4, 1-4; 2. Johannes und Judas).

Diejenigen, die die Einheit der Kirche zerstören, werden für schuldig befunden als Übeltäter (Galater 2, 11-20), die "nicht richtig nach der Wahrheit des Evangeliums handelten" (Vers 14; vgl. 2, 5), und die zur Wahrheit des Evangeliums und zum Glauben an Christus als den wesentlichen Grundlagen der christlichen Gemeinschaft zurückkehren müssen. Das Evangelium stellt Wahrheitsansprüche, die ein dem Evangelium entsprechendes wahrhaftiges und getreues Verkündigen und Handeln verlangen. Daher kann wahre Einheit nur im Evangelium erreicht werden.

Die Schrift verwendet noch weitere bedeutungsvolle Formulierungen zur Beschreibung der Kirche. Paulus spricht von "Gemeinschaft" (oder Partnerschaft, Austausch) mit den Philippern in der Verkündigung des Evangeliums (Philipper 1, 5-7, 4, 14-15). Die durch das Evangelium geschaffene Gemeinschaft im Evangelium forderte die Philipper dazu auf, Paulus bei seiner Verkündigung des Evangeliums finanziell zu unterstützen. Das "Miteinanderteilen" (die "Gemeinschaft") im Blut und Leib Christi ließ den einen Leib entstehen (1. Korinther 10, 16-17), während es dort zu Spaltungen kommt, wo der Leib des Herrn in der Kirche nicht erkannt wird (1. Korinther 11, 17-33). Der abschließende Segen des Paulus in 2. Korinther 13, 13 macht deutlich, daß die Gemeinschaft des Heiligen Geistes auf der Gnade in Jesus Christus und der Liebe Gottes beruht.

Christen glauben, daß Jesus das Reich Gottes zugleich angekündigt und herbeigebracht hat (Markus 1, 13-14). Und doch beten sie im Vaterunser: "Dein (des Vaters) Reich komme" (Matthäus 6, 10; Lukas 11, 2). Das Neue Testament bewegt sich ständig zwischen der Gabe, die mit dem Leben, dem Tod und der Auferstehung Jesu gegeben wurde, und der Realität, daß die Kirche zu allen Zeiten auf die Wiederkehr Jesu wartet, damit die Gerechtigkeit, die Einheit des Volkes Gottes und die ganze und vollkommene Verwirklichung der Gemeinschaft mit Gott erreicht werden. Diese Hoffnung treibt die Kirche dazu, danach zu trachten, diese Einheit und Gemeinschaft jetzt und hier zum Ausdruck zu bringen.

Die Schrift gibt ein realistisches Bild von der Neigung der Menschen zur Uneinigkeit und zugleich von der Einheit, die durch das Einssein in Christus möglich ist. Die Bibel sagt uns, was Gott will und warnt uns vor den stets gegenwärtigen Bedrohungen einer christlichen Gemeinschaft des gegenseitigen Annehmens. Heute ist es wie damals notwendig zu beten: "Der Gott aber der Geduld und des Trostes gebe euch, daß ihr einträchtig gesinnt seid untereinander, Christus Jesus gemäß, damit ihr einmütig mit einem Munde Gott lobt, den Vater unseres Herrn Jesus Christus" (Römer 15, 5-6) und sich erinnern zu lassen: "Darum nehmt einander an, wie Christus euch angenommen hat zu Gottes Lob" (Römer 15, 7).

Lutherische Bekenntnisschriften

Das Anliegen der Einheit der Kirche, wie es in der Schrift ausgesprochen wird, nahm während der ersten Jahrhunderte der Geschichte der Kirche eine bemerkenswerte Vorrangstellung ein. Es wurde im Apostolischen Glaubensbekenntnis und in besonderer Weise im Bekenntnis von Nizäa-Konstantinopel aus dem Jahre 381 zum Ausdruck gebracht. Diese ökumenischen Glaubensbekenntnisse wurden zusammen mit dem Athanasianischen Bekenntnis 1580 in das Konkordienbuch aufgenommen. Die Aufnahme dieser Bekenntnisse wie auch die ersten Artikel des Augsburger Bekenntnisses zeigen das Bestreben der lutherischen Reformatoren, sich mit der biblischen und patristischen Tradition zu identifizieren.

Die lutherischen Bekenntnisschriften entstanden aus dem Bemühen um eine evangeliumsgemäße Reform, die gegen ihre Absicht zu Spaltungen innerhalb der westlichen Kirche führte. Als evangelische Schriften betonen sie die Rechtfertigung aus Gnade allein durch den Glauben als das Kriterium, nach dem alle Lehre und alles Leben der Kirche beurteilt wird. Als katholische Schriften bekräftigen sie, daß das Evangelium wesentlich für die Kirche ist, damit diese eine, heilige, katholische und apostolische Kirche ist. Die evangelischen und katholischen Aspekte der Bekenntnisschriften sind komplementär und nicht gegensätzlich. Wenn eine bestimmte Fehlinterpretation der katholischen Tradition mit dem Evangelium im Widerspruch steht, ist und bleibt die klassische lutherische konfessionelle Entscheidung zugunsten des Evangeliums. Den lutherischen Bekenntnisschriften geht es um das Einssein der Kirche Christi unter dem Evangelium, um die Bewahrung des wahren katholischen Erbes und die Erneuerung der Kirche als ganzer. Daß sie diese Anliegen vertreten, läßt sich an folgenden Aspekten erkennen:

1. Sie verweisen immer auf die Heilige Schrift mit ihrer Betonung auf den Lehren der Wahrheit des Evangeliums—darin sehen sie die einzig zureichende Basis für christliche Einheit—als normativ. Wegen dieser Hervorhebung des Evangeliums verweisen sie auch auf das biblische Bekenntnis des einen Herrn und der einen Kirche als grundlegend für das Verständnis der christlichen Einheit.

2. Sie beginnen mit den altkirchlichen ökumenischen Bekenntnissen—dem Apostolikum, dem Nizänum und dem Athanasium—als "den drei Hauptbekenntnissen". Lutheraner haben immer eine gemeinsame Grundlage mit denjenigen, die diese Bekenntnisse und die Bibel mit ihnen teilen.

3. Sie beziehen sich auf die theologischen Überlegungen der führenden Persönlichkeiten der Alten Kirche in Ost und West

und teilen somit eine gemeinsame Quelle mit denjenigen, die die Theologen der patristischen Zeit ebenfalls kennen und schätzen.

4. Obwohl viele der lutherischen Bekenntnisschriften in den Auseinandersetzungen des 16. Jahrhunderts formuliert worden sind und auf die Gegensätze zu den römischen Katholiken, den Reformierten, den Anabaptisten und sogar einigen Lutheranern eingehen, enthielten sie doch viele—genannte oder ungenannte—Punkte grundlegender Übereinstimmung mit solchen Gruppen.

5. Die grundlegende lutherische Bekenntnisschrift, das Augsburger Bekenntnis von 1530, erhebt den Anspruch, ein im vollen Sinne katholischer wie auch ein evangelischer Ausdruck des christlichen Glaubens zu sein. Teil I, in dem die Hauptartikel des Glaubens aufgeführt sind, erklärt, daß das Bekenntnis eindeutig in der Schrift verankert ist und nicht von der universalen (d.h. katholischen) Kirche abweicht. Die Bekenner von Augsburg verlangten nur die Freiheit, gemäß dem Evangelium zu predigen und Gottesdienst zu halten. Bei Anerkennung der Legitimität dieser Reformen waren sie bereit, in Gemeinschaft mit denen zu bleiben, die nicht jede theologische Formulierung oder reformatorische Praxis teilten (Augsburger Bekenntnis, Vorrede, Artikel XV, Artikel XXVII und Abschluß). In diesem historischen Kontext ist Artikel VII zu verstehen: "Denn das genügt (*satis est*) zur wahren Einheit der christlichen Kirche, daß das Evangelium einmütig im rechten Verständnis verkündigt und die Sakramente dem Wort Gottes gemäß gefeiert werden." In Bezug auf viele andere Fragen ließen die Bekenner eine Vielfalt von Auffassungen und Überlegungen zu (vgl. Schmalkaldische Artikel, Teil III, Einleitung).

Die geschichtliche Situation ist jetzt anders. Heute ist die westliche Kirche in Hunderte von Denominationen aufgeteilt; außerdem ließ die Dringlichkeit der missionarischen Verkündigung im 19. Jahrhundert das Ärgernis einer gespaltenen Kirche deutlich hervortreten. Solche Entwicklungen fordern die Evangelisch-Lutherische Kirche in Amerika dazu heraus, auf umfassendere Ausdrucksformen der Einheit mit möglichst vielen Denominationen hinzustreben.

Lutheraner mögen in der Beurteilung der Unterschiede zwischen dem 16. Jahrhundert und der heutigen Zeit unterschiedlicher Auffassung sein. Einige Lutheraner in der Evangelisch-Lutherischen Kirche in Amerika vertreten die Meinung, daß die Einheit bereits zerbrochen war, als die Bekenner 1530 das Augsburger Bekenntnis vorlegten, während andere der Auffassung sind, daß die Bekenner die noch bestehende Einheit erhalten wollten. Doch alle stimmen darin überein, daß das "*satis est*" von Confessio Augustana VII ein ökumenisches Prinzip aufstellte, das heute noch genauso gültig ist wie im Jahre 1530. Confessio Augustana VII wirkt weiterhin ökumenisch befreiend durch seinen Anspruch, daß die Wahrheit des Evangeliums der katholische Glaube ist und für die wahre Einheit der Kirche ausreichend ist.

Im Rahmen des heutigen Denominationalismus bietet das "*satis est*" eine ökumenische Quelle und Basis, um auf immer mehr Ebenen zu wachsender Gemeinschaft (communio) unter getrennten Kirchen zu gelangen. Artikel VII bleibt grundlegend für lutherisches ökumenisches Bemühen. Seine wesentliche Bedeutung besteht darin, daß nur diejenigen Dinge, die Erlösung, Rechtfertigung allein durch den Glauben verleihen, Zeichen und konstitutive Elemente der Kirche sein dürfen. Doch trotz aller seiner Kohärenz und Präzision bietet der Artikel VII keine vollständige Lehre von der Kirche. Er ist nicht in erster Linie Ausdruck einer falsch verstandenen ökumenischen Offenheit und Freiheit von Kirchenverfassung und kirchlichen Bräuchen und Gewohnheiten. Seine Aussagen sind wesentlich zum Verständnis der Einheit der Kirche, sie sind aber nicht erschöpfend im Blick auf das, was gesagt werden muß. Die vorrangige Bedeutung von Artikel VII liegt darin, daß nur diejenigen Dinge, die Erlösung, Rechtfertigung allein durch den Glauben verleihen, Zeichen und konstitutive Elemente der Kirche sein dürfen. Daneben müssen auch die—im 16. Jahrhundert so nicht bestehenden—evangelischen und ekklesiologischen Implikationen der missionarischen Situation der weltweiten Kirche unserer Zeit beachtet werden.

Artikel VII des Augsburger Bekenntnisses bleibt weiterhin dadurch ökumenisch befreiend, daß er darauf besteht, daß Übereinstimmung im Evangelium für die christliche Einheit ausreichend ist. Wenn Lutheraner sich um Gemeinschaft bemühen, ohne auf lehrmäßiger oder kirchlicher Uniformität zu bestehen, setzen sie einen ökumenischen Akzent auf gemeinsame Formulierung und gemeinsamen Ausdruck des theologischen Konsenses im Blick auf das Evangelium. Im Kontext des gemeinsamen Suchens nach grösserer theologischer Übereinstimmung und des ständigen kritischen Bemühens um die theologische Wahrheit des Evangeliums, das in der gegenwärtigen kritischen Zeit unserer Welt gemeinsam verkündigt werden soll, gibt es Raum für ein gemeinsames Erkennen, Leben und Erfahren von Gemeinschaft.

6. Andere lutherische Bekenntnisschriften stimmen mit dem Augsburger Bekenntnis hinsichtlich der Einheit der Kirche überein, auch wenn sie ihrem Wesen und ihrer Zielsetzung nach unterschiedlich sind. Zum Beispiel:

a. Der Kleine Katechismus lehrt den evangelischen und katholischen Glauben in einer einfachen Form, damit das ganze Volk Gottes diesen Glauben kennen kann.

b. Die Konkordienformel von 1577 läßt die innerlutherische theologische Debatte und Uneinigkeit in Einzelheiten erkennen und legt trotz ihrer Hervorhebung von Ablehnung und Verurteilung von Irrtümern und Gegenlehre die Möglichkeit nahe, "unter der Leitung des Wortes Gottes" bestehende Differenzen zu versöhnen.

Auf der Grundlage dieses biblischen und konfessionellen Verständnisses, wie es in ihrem Bekenntnis des Glaubens (ELKA-Verfassung, Kapitel 2) ausgesagt wird, vertritt die Evangelisch-Lutherische Kirche in Amerika diese Vision eines umfassenderen Einseins aller, die Christus angehören.

In Kapitel 4 der Verfassung, unter "Statement of Purpose" (Aufgabenbestimmung) heißt es, daß die Evangelisch-Lutherische Kirche in Amerika sich der lutherischen wie der christlichen Einheit verpflichtet weiß (4.03.d. und 4.03.f.).

Für die Evangelisch-Lutherische Kirche in Amerika umfaßt das Verständnis des Ökumenismus mehr als die lutherischen Denominationen. Diese Kirche freut sich über die Bewegung hin auf eine Übereinstimmung im Evangelium mit anderen Kirchen unterschiedlichen geschichtlichen und theologischen Erbes. Das Maß an Offenheit bei anderen und unsere eigene konfessionelle Verpflichtung haben ihre Auswirkung auf entstehende Beziehungen und zunehmende

Einheit bei "allen, die den Namen unsres Herrn Jesus Christus anrufen an jedem Ort, bei ihnen und bei uns" (1. Korinther 1, 2).

B. ÖKUMENISCHES ERBE

Im Laufe des 20. Jahrhunderts haben Kirchen, einschließlich der Vorgängerinnen der Evangelisch-Lutherischen Kirche in Amerika, sich kontinuierlich, aktiv und offiziell dafür eingesetzt, die Trennung unter Christen zu überwinden und durch Gottes Geist die sichtbare Einheit des Volkes Christi zum Ausdruck zu bringen. Die ökumenische Bewegung muß als Aufrütteln von Christen durch das Drängen des Heiligen Geistes verstanden werden, den sie umgebenden Menschen Gottes Ruf nach der einen Kirche vernehmbar zu machen. Diese Bewegung bedeutet deshalb sehr viel mehr als Konferenzen und Tagungen von Räten christlicher Kirchen, wenngleich solche Ereignisse als Marksteine für die ökumenische Bewegung dienen.

Vor dem 2. Weltkrieg waren Lutheraner aus den Kirchen Nordeuropas und aus einigen Nordamerikas bei Weltmissionskonferenzen, die wesentliche Anstöße für die heutige ökumenische Bewegung gaben, und bei Konferenzen von Glauben und Kirchenverfassung (Faith and Order) und Praktischem Christentum (Life and Work) vertreten. Amerikanische Lutheraner waren anfänglich zögernd und vorsichtig, einige sogar besonders zurückhaltend wegen ihrer Sorge um die konfessionelle Wahrheit, während andere mit dem gleichen Anliegen der konfessionellen Wahrheit immer offener für ökumenische Beteiligung wurden. Die Konferenzen wurden schließlich Teil einer mehr kontinuierlichen und einheitlichen Organisation, dem Ökumenischen Rat der Kirchen.

Räte christlicher Kirchen

Im Jahr 1948 waren nordamerikanische Lutheraner maßgeblich an der Bildung des Ökumenischen Rats der Kirchen beteiligt, und sie bestanden mit Erfolg darauf, daß die Vertretung von Kirchen weitgehend nach Konfessionsfamilien bestimmt werden sollte. Innerhalb eines Jahrzehnts waren fast alle Vorgängerinnen der Evangelisch-Lutherischen Kirche als Mitglieder im Rat vertreten. Damals stellten die Lutheraner die größte konfessionelle Gruppe im Rat dar. Der Rat hat sich intensiv mit Fragen christlicher Einheit, Mission und christlichen Dienstes befaßt.

Die sich zusammenschließenden Kirchen und ihre Mitglieder haben sich in unterschiedlichem Maße an Kirchenräten auf bundesstaatlicher und örtlicher Ebene sowie am Nationalen Rat der Kirchen Christi in den USA beteiligt. Durch ein solches Engagement wurde größeres Verständnis für die Möglichkeiten und Herausforderungen der Ökumene geweckt.

Ökumenische Dialoge

Um 1950 fühlten viele nordamerikanische Lutheraner sich in vollem Sinne zur ökumenischen Partnerschaft in diesem Land und in der ganzen Welt verpflichtet. Im folgenden Jahrzehnt waren sie aktiv an der Entwicklung ökumenischer Dialoge beteiligt. Nach 1965 erhielten diese Dialoge neuen Antrieb durch den Eintritt der Römisch-katholischen Kirche in die ökumenische Bewegung, ein Ereignis, das vom Zweiten Vatikanischen Konzil geprägt und ratifiziert wurde. Andere Dialoge wurden forgesetzt oder neu begonnen—mit Reformierten und Presbyterianern, Episkopalen, vereinigten Methodisten, Orthodoxen, Baptisten und konservativen Evangelikalen. Die Beteiligung der Vorgängerkirchen der Evangelisch-Lutherischen Kirche in Amerika an den Dialogen wurde durch den Nationalen Lutherischen Rat, später den Lutherischen Rat in den USA und den Lutherischen Weltbund koordiniert. Lutherische Einheit und christliche Einheit kamen gemeinsam voran.

In 1982, als offiziell eine Kommission zur Vorbereitung der Kirchenunion eingesetzt wurde, aus der dann die Evangelisch-Lutherische Kirche in Amerika entstand, weiteten sich ökumenische Entwicklungen rasch aus.

Der Lutherische Weltbund

Die Mitgliedschaft und die aktive Beteiligung der sich vereinigenden Kirchen im Lutherischen Weltbund eröffnete neue ökumenische Perspektiven. 1984 auf der Vollversammlung des LWB erklärten die Mitgliedskirchen, daß sie sich miteinander in *Kanzel- und Abendmahlsgemeinschaft* befinden. Die Kirchen des Weltbunds erklärten, daß sie sich als eine Gemeinschaft von Kirchen verstehen. Diese Erklärung kann tiefgreifende Auswirkungen auf das Wesen des Weltbunds selbst und auf die Art und Weise haben, wie die Kirchen ihre Beziehungen untereinander und zu Nichtmitgliedskirchen verstehen. Die Vollversammlung von 1984 nahm ebenfalls folgende Erklärung zum Verständnis der Einheit an, die mit der Sicht der Evangelisch-Lutherischen Kirche in Amerika in der beigefügten Grundsatzerklärung im Einklang steht:

> Die wahre Einheit der Kirche, die die Einheit des Leibes Christi ist und an der Einheit des Vaters, des Sohnes und des Heiligen Geistes teilhat, ist gegeben in und durch Verkündigung des Evangeliums in Wort und Sakrament. Diese Einheit findet ihren Ausdruck als eine Gemeinschaft im gemeinsamen und zugleich vielgestaltigen Bekenntnis ein und desselben apostolischen Glaubens. Sie ist eine Gemeinschaft in der heiligen Taufe und im eucharistischen Mahl, eine Gemeinschaft, in der die ausgeübten Ämter von allen anerkannt werden als Ausprägungen des von Christus in seiner Kirche eingesetzten Amtes. Sie ist eine Gemeinschaft, in der Verschiedenheiten zur Fülle beitragen und nicht mehr Hindernisse für die Einheit sind, eine verpflichtete Gemeinschaft, die gemeinsame Entscheidungen treffen und gemeinsam handeln kann.
>
> Die Vielfalt in dieser Gemeinschaft ergibt sich aus der Verschiedenheit der kulturellen und ethnischen Situationen, in denen sich die eine Kirche Christi verwirklicht, und aus der Vielzahl der kirchlichen Traditionen, in denen der apostolische Glaube durch die Jahrhunderte hindurch bewahrt, weitergegeben und gelebt worden ist. Indem diese Verschiedenheiten als Ausprägungen des einen apostolischen Glaubens und der allgemeinen christlichen Kirche anerkannt werden, verändern sich kirchliche Traditionen, werden Gegensätze überwunden und wechselseitige Verwerfungen aufgehoben. Die Verschiedenheiten werden versöhnt und umgewandelt in eine legitime und lebensnotwendige Vielfalt innerhalb des einen Leibes Christi.
>
> Diese Gemeinschaft lebt ihre Einheit im Bekennen des einen apostolischen Glaubens. Sie versammelt sich im Gottesdienst und in der Fürbitte für alle Menschen. Sie wirkt im gemeinsamen Zeugnis von Jesus Christus, im Eintreten für Schwache, Arme und Unterdrückte und im Einsatz für Frieden, Gerechtigkeit und Freiheit. Sie gestaltet sich auf allen Ebenen in konziliaren Strukturen und Vollzügen. Sie bedarf immer wieder der Erneuerung und ist gleichzeitig ein Vorgeschmack jener Gemeinschaft, die der Herr am Ende der Zeit in seinem Reich herbeiführen wird.

Amerikanische Lutheraner wurden ermutigt durch die ökumenische Beteiligung an den Feierlichkeiten zum 450. Jahrestag des Augsburger Bekenntnisses im Jahr 1980 und zum 500. Geburtstag Martin Luthers 1983.

Stellungnahmen der sich vereinigenden Kirchen

1978 billigten die Amerikanische Lutherische Kirche und die Lutherische Kirche in Amerika "Eine Erklärung zur Abendmahlspraxis". Teil II dieser Grundsatzerklärung, "Empfehlungen für die Praxis", die von beiden Kirchen auf ihren Generalversammlungen angenommen wurden, enthielt einen Unterabschnitt über Abendmahlsgemeinschaft. Dieser Abschnitt enthielt Richtlinien für die gastweise eucharistische Gemeinschaft im lutherischen Rahmen und bei ökumenischen Versammlungen.

Die Lutherische Kirche in Amerika billigte 1982 im Rahmen ihrer elften Generalversammlung die Vorlage "Ökumenismus: eine lutherische Verpflichtung" als ihre offizielle Stellungnahme. Diese Erklärung wurde zur Charta für ein gezieltes ökumenisches Studien- und Aktionsprogramm. Drei Jahre später billigte die Kirchenleitung der Amerikanischen Lutherischen Kirche einen ähnlichen Text für die eigene Kirche mit dem Titel "Ökumenische Perspektive und Richtlinine". So hatten zwei der sich vereinigenden Kirchen in neueren und eindrücklichen Erklärungen ihre Begründung für ökumenisches Engagement zum Ausdruck gebracht.

1982 nahmen alle drei Vorgängerkirchen das "lutherisch-episkopale Übereinkommen" mit der Episkopalkirche in den Vereinigten Staaten an. Nach Jahren des bilateralen Dialogs konnten sich diese Kirchen nun auf eine neue Ebene der Gemeinschaft begeben, die wechselseitige Anerkennung der Kirchen, gemeinsames Gebet und gemeinsame Studien, gemeinsame Verpflichtung zur Evangelisierung und Mission, Interims-Abendmahlsgemeinschaft, weitere Dialoge und die Verpflichtung zu Bemühungen um volle Kirchengemeinschaft ermöglichte. 1988 wurde dieses Übereinkommen in das kirchliche Leben der Evangelisch-Lutherischen Kirche in Amerika übernommen.

Als 1984 die lutherisch-reformierten Dialoge den Kirchen die Ergebnisse ihrer dritten Runde vorlegten, wurden die sich vereinigenden Kirchen durch die darin enthaltenen Empfehlungen vor kritische Fragen gestellt. Dieser Dialogbericht mit dem Titel "Eine Einladung zum Handeln" (*An Invitation to Action*) wurde sehr unterschiedlich aufgenommen. Alle drei sich vereinigenden Kirchen konnten die Reformierte Kirche in Amerika und die Presbyterianische Kirche (USA) als Kirchen anerkennen, in denen das Evangelium gepredigt wird, und verpflichteten sich zu gemeinsamen Projekten und zumindest begrenztem gemeinsamen Gottesdienst. 1986 nahm die Vereinigung Evangelisch-Lutherischer Kirchen und die Amerikanische Lutherische Kirche eine neue Beziehung zur Presbyterianischen Kirche (USA) und zur Reformierten Kirche in Amerika auf. Die Lutherische Kirche in Amerika faßte 1986 einen Beschluß, der mit der "Erklärung zur Abendmahlspraxis" von 1978 übereinstimmt, aber nicht darüber hinausgeht. Mit der Bildung der Evangelisch-Lutherischen Kirche in Amerika wurden die 1986 hergestellten Beziehungen beendet. Die Verpflichtungen zu engeren Beziehungen mit der Reformierten Kirche in Amerika und der Presbyterianischen Kirche (USA), die 1986 von den sich vereinigenden Kirchen eingegangen worden waren, wurden der Evangelisch-Lutherischen Kirche in Amerika als Aufgabe überlassen.

Alle diese Ereignisse deuten darauf hin, daß die offizielle Rezeption der Dialogergebnisse zu einem wichtigen Anliegen geworden ist, wenn die Berichte der Dialoggruppen die auftraggebenden Kirchen zu spezifischen Schritten auffordern. Durch solche Aufforderungen wird unterstrichen, wie notwendig es ist, daß die Kirchen die Rezeption der Dialogarbeit ernsthaft in ihr Leben und ihren Glauben einbeziehen.

Die Gründungszeit der Evangelisch-Lutherischen Kirche in Amerika

In der Zeit zwischen 1982 und der Gründung der Evangelisch-Lutherischen Kirche in Amerika stellten die drei Bischöfe sowie andere führende Vertreter/innen der sich vereinigenden Kirchen Beziehungen zu wichtigen kirchenleitenden Persönlichkeiten in der ganzen Welt her. Diese Beziehungen schlossen an frühere an, doch die bewußte Planung und Intensität der Kontakte in den achtziger Jahren gestaltete neue Ebenen des Vertrauens, der Verpflichtung zur kirchlichen Einheit und der Möglichkeiten für neue ökumenische Vorstöße.

1983 übermittelte die Kommission für Glauben und Kirchenverfassung im Ökumenischen Rat der Kirchen das Dokument *Taufe, Eucharistie und Amt* den Kirchen zur Stellungnahme und Rezeption. Zwei der die Evangelisch-Lutherische Kirche in Amerika bildenden Kirchen erstellten offizielle Stellungnahmen zu diesem Konvergenztext. Die Antworten von Kirchen aus der ganzen Welt haben ein überwältigendes Interesse an diesem bedeutsamen ökumenischen Prozeß gezeigt, der weitergehen wird.

Die Jahre, die der Gründung der Evangelisch-Lutherischen Kirche in Amerika vorangingen, stellen eine Zeit vielfältigen ökumenischen Wachstums dar, das der vereinigten Kirche zu Beginn ihres Lebens geschenkt wurde.

II. Erklärung zur Ökumenischen Verpflichtung: Eine Grundsatzerklärung der Evangelisch-Lutherischen Kirche in Amerika[2]

A. Die Basis:
Eine konfessionelle Kirche, die evangelisch, katholisch und ökumenisch ist

Die Evangelisch-Lutherische Kirche in Amerika ist eine konfessionelle Kirche, wie es in Kapitel 2 ihrer Verfassung ("Das Bekenntnis des Glaubens") deutlich gesagt wird. Ihre Bekenntnisschriften lehren, daß Gemeinschaft in Christus, wie sie im Evangelium und den Sakramenten verkündigt wird, die Grundlage für Einheit in der Kirche bildet. Das Augsburger Bekenntnis, Artikel VII, unterstreicht dies mit der Aussage: "Denn das genügt zur wahren Einheit der christlichen Kirche, daß das Evangelium einmütig im rechten Verständnis verkündigt und die Sakramente dem Wort Gottes gemäß gefeiert werden."

Die Einheit der Kirche, wie sie in der Heiligen Schrift verkündet wird, ist eine Gabe und ein Ziel Gottes in Jesus Christus. Ökumenismus ist die freudige Erfahrung der Einheit des Volkes Christi und die ernsthafte Aufgabe, jene Einheit sichtbar und strukturell zum Ausdruck zu bringen, um die Verkündigung des Evangeliums zum Segen der Menschheit zu fördern. Durch ihre Beteiligung an ökumenischer Arbeit will die Evangelisch-Lutherische Kirche in Amerika im Glauben offen sein für das Wirken des Heiligen Geistes, um so dem Einssein in Christus einen volleren Ausdruck zu geben.

In Beziehung zu anderen Kirchen versteht sich die Evangelisch-Lutherische Kirche in Amerika und beteiligt sich an Gottes Sendung,

---

2. Der folgende Text wurde von der 2. Generalversammlung der ELKA am 31. August 1991 angenommen.

von ihrem Bekenntnis her und unter der Herrschaft Christi, als eine Kirche, die evangelisch, katholisch und ökumenisch ist. Ihr konfessioneller Charakter steht nicht im Gegensatz zu ihrer ökumenischen Verpflichtung, sondern macht diese notwendig als eine Folge des Evangeliums.

Eine solche Beschreibung soll dieser Kirche in ihrem ökumenischen Selbstverständnis helfen. Sie darf nicht als Ersatz für die traditionellen Kennzeichen der Kirche als "eine, heilige, katholische und apostolische" verstanden werden, an die diese Kirche durch ihre Bekenntnisverpflichtung gebunden ist. Es ist auch keine Aufzählung von Merkmalen, die von anderen Kirchen gefordert werden, bevor sie ökumenische Beziehungen zu ihnen aufnimmt.

Evangelisch sein heißt, dem Evangelium von Jesus Christus verpflichtet zu sein (Römer 1, 16; Markus 1, 1). Die Kirche ist durch das Evangelium geschaffen. Das Evangelium ist mehr als eine menschliche Erinnerung daran oder unser Bekenntnis dessen, was Gott in der Vergangenheit in Israel und auf einzigartige Weise in Jesus von Nazareth getan hat (2. Korinther 5, 19a). Es ist Verkündigung in der Kraft der Tat Gottes in Christus und in seiner Auferstehung (2. Korinther 5, 19b-21), ein Geschehen, das uns die Zukunft der ewigen Liebe des Gottes eröffnet, der uns durch den gekreuzigten und auferstandenen Christus rechtfertigt und versöhnt und uns zu neuen Geschöpfen macht (2. Korinther 5, 17-18). Dieses Evangelium ist insofern bedingungslos, als es die sichere und gewisse Verheißung Gottes verkündet, der in Christus die Gottlosen durch Gnade allein aus Glauben und unabhängig von Werken rechtfertigt und dies unterschiedslos für alle Menschen will. Dieses Evangelium ist eschatologisch, denn es kündigt die Zerstörung des letzten Feindes, des Todes, an, wenn Christus das Reich Gott, dem Vater, übergeben wird und wenn Gott alles in allem sein wird (1. Korinther 15, 24-28). Diese Ankündigung gibt der Kirche eine Vision, die für ihr ökumenisches Handeln bestimmend und richtungsweisend ist.

Katholisch sein heißt, der Fülle des apostolischen Glaubens und dessen an die ganze Welt gerichteten Ausdruck in Bekenntnis und Lehre verpflichtet zu sein (Römer 10, 8b-15, 18b; Markus 13, 10; Matthäus 28, 19-20). Dieses Wort "katholisch" sagt aus, daß die Kirche eine im Christusgeschehen verwurzelte Gemeinschaft ist, die sich auf alle Orte und Zeiten erstreckt. Es bekräftigt, daß Gott ein Volk zu einer Gemeinschaft gesammelt hat und noch weiterhin sammelt, die in dem Evangelium, das es empfängt und verkündigt, geheiligt wird. Als ein Volk unter Christus ist dies eine Gemeinschaft, die den katholischen Glauben an den dreifaltigen Gott teilt, die Heilige Schrift als autoritative Quelle und Norm für die Verkündigung der Kirche ehrt und sich darauf verlässt, die heilige Taufe empfängt und das Herrenmahl feiert, ein ordiniertes Amt hat und die eine, heilige, katholische und apostolische Kirche bekennt.

Ökumenisch sein heißt, jenem Einssein verpflichtet zu sein, zu dem Gott die Welt in der heilbringenden Gabe Jesu Christi beruft. Es bedeutet, die Gebrochenheit der Kirche in der Geschichte zu erkennen und auf den besonders in diesem Jahrhundert ergehenden Ruf Gottes zu hören, die Uneinigkeit des Volkes Christi zu heilen. Durch den Heiligen Geist befähigt Gott die Kirche zu diesem Dienst. In ihrem Bemühen, ökumenisch zu sein, will diese Kirche

1. jener Einheit Ausdruck verleihen, die Gott für die Kirche in einer Zukunft will, die für Gottes Führung offen ist;
2. ihre Vergangenheit, ihre Geschichte und ihre Traditionen in ihrem vielfältigen Reichtum als kostbare Gaben verstehen und ehren, die als solche unvollkommen bleiben, bis die Kirche schließlich auf die Einheit in Christus zugeht;
3. etwas beitragen und lernen, nicht indem sie versucht, die Vergangenheit wiederzubeleben, sondern indem sie auf die Gestaltwerdung der Einheit in Christus und damit auf andere Christen zugeht;
4. sich dazu verpflichten, gemeinsam mit anderen den dreieinigen Gott anzubeten, zusammen mit anderen allen Menschen das Evangelium zu verkündigen und ihre Stimme und ihre Hände zu erheben, um Gerechtigkeit zu fördern, Not zu lindern und die Entfremdeten in einer leidenden Welt zu versöhnen;
5. ihre Mitglieder dazu aufrufen, Buße zu tun für ihren passiven oder aktiven Beitrag zur Uneinigkeit unter dem Volk Christi;
6. alle ihre Mitglieder dazu aufzufordern, in ihrer eigenen Kirche und zusammen mit Gliedern anderer Kirchen für die Einheit der Kirche zu beten, sich mit neuen Auffassungen auseinanderzusetzen, zum Aufgeben von nicht notwendigen Dingen bereit zu sein und Beschlüße zu fassen, einschließlich der Rezeption—wo dies möglich ist—von ökumenischen Übereinstimmungen, und dies alles im Interesse der Einheit der Kirche;
7. deutlich machen, daß bei Übereinstimmung im Evangelium die Beweislast beim Widerstand gegen die Einheit liegt;
8. sich darum bemühen, das Einssein in Christus in verschiedenartigen Modellen der Einheit zum Ausdruck zu bringen,

die konsistent sind mit dem Evangelium und dem Sendungsauftrag der Kirche.

B. DIE POSITION DER EVANGELISCH-LUTHERISCHEN KIRCHE IN AMERIKA

Das Bekenntnis des Glaubens der Evangelisch-Lutherischen Kirche in Amerika (Verfassung, Kapitel 2) läßt sich als evangelisch, katholisch und ökumenisch beschreiben. Der dreieinige Gott, Vater, Sohn und Heiliger Geist, wird bekannt, wobei das erlösende Werk der zweiten Person der Dreieinigkeit besonders hervorgehoben wird. Die kanonischen biblischen Schriften werden als das inspirierte Wort Gottes und als die Norm für Verkündigung und Leben der Kirche angenommen. Die drei ökumenischen Glaubensbekenntnisse werden als wahre Erklärungen des Glaubens angenommen. Das Augsburger Bekenntnis gilt als ein wahres Zeugnis vom Evangelium und eine Grundlage für die Einheit, während die anderen lutherischen Bekenntnisschriften als gültige Auslegungen des Glaubens angenommen werden. Der Sprachgebrauch in diesem Kapitel folgt bewußt einer alten, katholischen und ökumenischen Ordnung der Autoritäten. Die spezifisch lutherischen Schriften werden als wahre Zeugnisse und gültige Auslegungen früherer Glaubenszeugnisse angesehen, die höhere Verbindlichkeit besitzen. Das Kapitel schließt mit einem Bekenntnis zum Evangelium als der Kraft Gottes, die die Sendung der Kirche hervorbringt und erhält. So ist das Evangelium, "Christus allein", der Schlüssel zum Verständnis der Schrift, der Glaubensbekenntnisse und der Bekenntnisschriften.

Diese Charakterisierung des Glaubensbekenntnisses dieser Kirche als evangelisch, katholisch und ökumenisch kommt außerdem in jenen Kapiteln der Verfassung der ELKA zum Ausdruck, die sich mit dem "Wesen der Kirche" (Kapitel 3), der "Aufgabenbestimmung" (Kapitel 4) und den "Organisationsprinzipien" (Kapitel 5) befassen.

Diese Kirche wendet sich gleichzeitig in mehrere Richtungen freimütig allen zu, mit denen sie Übereinstimmung im Evangelium finden kann. Sie gibt keiner christlichen Denomination oder Gruppe den Vorzug. Deshalb verpflichtet sich die Evangelisch-Lutherische Kirche in Amerika als Mitglied der weltweiten lutherischen Gemeinschaft nicht nur dem Gesamtluthertum oder dem Pan-protestantismus, der Annährung an die Römisch-katholische Kirche oder der Entwicklung von Beziehungen zu den Orthodoxen.

Die Evangelisch-Lutherische Kirche in Amerika geht sogar noch einen Schritt weiter, indem sie ihr lutherisches theologisches Erbe so ernst nimmt, daß sie glaubt, daß Gottes Wort von der Rechtfertigung die Formen kirchlicher Selbstrechtfertigung ausschließt, die sich aus dem polemischen Erbe des 16. Jahrhunderts ergeben haben. Das erste Wort, das die Kirche ökumenisch ausspricht, kann sehr wohl ein gegen sich selbst gerichtetes Wort der Selbstkritik sein, weil wir dazu aufgerufen sind, nach einer Wahrheit zu suchen, die größer ist als wir alle und die unser parochiales, imperialistisches und selbstbezogenes Denken verurteilt. Wenn die Kirche ein solches Wort der Selbstkritik aussprechen kann, wird sie frei sein, ein triumphalistisches und selbstherrliches Verständnis ihrer selbst abzulehnen und statt dessen ein Selbstverständnis zu entfalten im Sinne einer Gemeinschaft der Sendung und des Zeugnisses, die danach trachtet, der anbrechenden Herrschaft Gottes dienstbar zu sein. Auf diese Weise wird die ökumenische Vision der Evangelisch-Lutherischen Kirche in Amerika nicht von der Fixierung auf unsere theologischen Kontroversen und Spaltungen in der Vergangenheit beherrscht sein, sondern sich vielmehr auf theologische Überlegungen und missionarisches Handeln in *Gegenwart* und *Zukunft* konzentrieren.

C. Formen des Ökumenismus

Der Ökumenismus muß jeden Aspekt des Glaubens und Lebens der Kirche durchdringen, bestimmen und beleben, weil er an das Evangelium und die missionarische Sendung in unserer Welt gebunden ist. Er macht deutlich, wie notwendig es für die Kirche ist, interdependent und inklusiv zu sein. Die wechselseitige Abhängigkeit der verschiedenen Bereiche innerhalb dieser Kirche und die Inklusivität, die von dieser Kirche inmitten von Trennungen in der Gesellschaft praktiziert wird, sind bedeutsame Ausdrucksformen der Einheit der Kirche. Deshalb verpflichtet sich diese Kirche zur Beteiligung von Frauen und Männern am ordinierten Amt und an den organisatorischen Strukturen der Kirche. Dies sollte denen innerhalb wie denen außerhalb der Kirche erkennbar sein, indem die Kirche ihrer Sendung nachgeht. Zwischen der Einheit der Kirche und ihrer Sendung besteht eine äußerst enge Verbindung (Johannes 17, 20-23).

Von ihrer evangelischen, katholischen und ökumenischen Ausrichtung und ihrem engen Verhältnis zur Mission her ist die Evangelisch-Lutherische Kirche in Amerika frei, nach Formen der Struktur, des Amtes und des gemeinsamen Handelns zu suchen, die ein echtes Zeugnis vom christlichen Glauben und eine wirkungsvolle Ausdrucksform der Liebe Gottes in Christus darstellen. Ein solcher Ökumenismus soll für die Kirche in all ihren Lebensäußerungen kennzeichnend sein. Wenn Gemeinden und Synoden Initiativen zu ökumenischem Handeln ergreifen, kann die ganze Kirche von ihnen lernen. Gleichzeitig wird die Kirche als ganze durch ihre grundsätzlichen Richtlinien an die Gemeinden zu einem Kanal, durch den jede einzelne Gemeinde weltweit der ganzen Glaubensfamilie dienen kann.

Die Evangelisch-Lutherische Kirche in Amerika beteiligt sich an örtlichen, regionalen, nationalen und weltweiten Räten von Kirchen und anderen ökumenischen Einrichtungen und Organisationen. In diesen Beziehungen richtet die Kirche sich nach dem evangelischen und dem repräsentativen Prinzip.

Das *evangelische* Prinzip bedeutet, daß nur in solchen ökumenischen Organisationen offizielle Mitgliedschaft möglich ist, die ausschließlich aus Kirchen bestehen, die Jesus Christus als den göttlichen Herrn und Heiland bekennen.

Das *repräsentative* Prinzip bedeutet, daß in ökumenischen Organisationen die offiziellen Vertreter/innen von Kirchen niemals mit Einzelpersonen, die nur sich selbst oder Organisationen vertreten, die weniger als Kirchen sind, gleichgestellt werden.

Ortsbedingte Ausnahmen von der Anwendung dieser Prinzipien können von einer Synode in Absprache mit der Abteilung für Ökumenische Angelegenheiten der Evangelisch-Lutherischen Kirche in Amerika vorgenommen werden.

Die Evangelisch-Lutherische Kirche in Amerika ist aktiv an bilateralen und multilateralen Dialogen beteiligt, die sie nicht als miteinander konkurrierende, sondern als sich gegenseitig bestärkende Wege für ökumenische Fortschritte betrachtet. Gleichzeitig bemüht sie sich um weitere ökumenische Möglichkeiten, wie gemeinsame Bemühungen um Mission und religiöse Unterweisung und den Einsatz von Massenmedien, um im wechselseitigen Verstehen und Übereinstimmen mit anderen Kirchen zu wachsen.

Diese Bemühungen, zu denen auch gemeinsames Studium, Gebet und gottesdienstliches Feiern gehören, sollen in den verschiedenen organisatorischen Ausdrucksformen der Evangelisch-Lutherischen Kirche in Amerika und anderer Kirchen ihren Ausdruck finden. Alle diese Tätigkeiten müssen gefördert werden und aufeinander bezogen sein. In synodaler und regionaler Form bietet der Lokalökumenismus einen chancenreichen Bereich für Fortschritt und Herausforderungen auf dem Wege zur Einheit der Kirche. Er hat vieles aus der nationalen und internationalen ökumenischen Bewegung zu lehren und zu lernen. Die meisten Christen machen ihre ökumenische Erfahrung vor allem durch ihre Gemeinden und durch örtliche Versammlungen von Gläubigen, die in Verbindung zu anderen Gemeinschaften anderer Traditionen stehen, die denselben Herrn, dieselbe Taufe und dieselbe Sendung miteinander teilen.

Die Evangelisch-Lutherische Kirche in Amerika ist Teil einer umfassenderen lutherischen Gemeinschaft. Innerhalb dieser Gemeinschaft, die im Lutherischen Weltbund Gestalt gefunden hat, lebt sie in Kanzel- und Abendmahlsgemeinschaft mit den anderen Mitgliedskirchen. Wenn sie in ihrem ökumenischen Handeln auch eigenständig bleiben muß, so trägt sie doch Verantwortung gegenüber jenen Kirchen, zu denen sie sich enger Beziehungen erfreut. Sie informiert diese Kirchen über ihre ökumenischen Tätigkeiten und nimmt die Bemerkungen und Stellungnahmen der anderen Kirchen auf.

Ein klares wechselseitiges Verstehen unter Christen und eine stärkere Verwirklichung der Einheit unter dem Volk Christi sind Mitte und Ziel des Ökumenismus. In diesem Sinne ist er eng verbunden mit dem Sendungsauftrag des Evangeliums an die ganze Welt. Er sollte nicht verwechselt werden mit der wichtigen, aber andersartigen Verantwortung der Kirche, mit Menschen anderer religiöser Überzeugungen Gespräche aufzunehmen und zu einem größeren gegenseitigen Verstehen zu gelangen. Die Evangelisch-Lutherische Kirche in Amerika ist auf vielfältige Weise an dieser interreligiösen Arbeit beteiligt und wird in Zukunft eine eigene offizielle Erklärung zur Beschreibung ihrer Verpflichtungen und Bestrebungen in diesem Bereich brauchen. Bei der Erarbeitung dieser Erklärung wird man vor allem auf die besondere Stellung des Judentums achten müssen.

D. ZIELSETZUNG UND STADIEN DER BEZIEHUNGEN

Die Evangelisch-Lutherische Kirche in Amerika ist auf Grund ihres Trachtens nach christlicher Einheit aktiv an der ökumenischen Bewegung beteiligt. Das von ihr erstrebte Ziel ist volle Kirchengemeinschaft, d.h. die soweit wie möglich umfassendste oder vollkommenste Verwirklichung von Einheit vor der Parousie mit all jenen Kirchen, die den dreifaltigen Gott bekennen. Zugleich als Kirche und als

Mitglied der umfassenderen Gemeinschaft von Kirchen im Lutherischen Weltbund strebt die Evangelisch-Lutherische Kirche in Amerika danach, dieses Ziel zu erreichen, um der Einheit der Kirche Ausdruck zu verleihen und den Auftrag der Kirche durch Verkündigung und konkretes Handeln besser zu erfüllen.

Volle Kirchengemeinschaft ist eine Gabe von Gott, gegründet im Glauben an Jesus Christus. Sie ist eine Verpflichtung zur Wahrheit in Liebe und ein Zeugnis von Gottes Befreiung und Versöhnung. Volle Gemeinschaft ist sichtbar und sakramental. Sie umfaßt alles, was Lutheraner unter "Kanzel- und Abendmahlsgemeinschaft" verstanden haben, geht aber auf Grund der vom Evangelium her gegebenen verpflichtenden Sendung über diese historische Formel hinaus. Volle Kirchengemeinschaft ist offenkundig ein Ziel, auf das getrennte Kirchen unter der Führung von Gottes Heiligem Geist hinstreben, das jedoch noch nicht erreicht worden ist. Sie verweist auf die vollkommene Gemeinschaft und Einheit aller Christen, die mit dem Hereinbrechen des Reiches Gottes bei der Wiederkehr Christi, des Herrn, kommen wird. Sie ist auch ein Ziel, das ständig neu definiert werden muß. Sie ist verwurzelt in Übereinstimmung im Wesentlichen und läßt Vielfalt im Nicht-Wesentlichen zu.

In den meisten Fällen werden die Kirchen allerdings nicht in der Lage sein, unmittelbar von ihrer Uneinigkeit zu einem vollen Ausdruck ihrer von Gott gegebenen Einheit überzugehen, sondern können eher damit rechnen, daß sie eine Entwicklung von der Uneinigkeit zur Einheit erleben, die eine oder mehrere der folgenden Stadien der Beziehungen umfassen kann:

1. *Ökumenische Zusammenarbeit.* Hier nimmt die Evangelisch-Lutherische Kirche in Amerika ökumenische Beziehungen zu Kirchen, Räten von Kirchen oder anderen ökumenischen Einrichtungen auf der Grundlage des *evangelischen* und des *repräsentativen* Prinzips auf. Da diese Prinzipien sich spezifisch auf kirchliche oder ökumenische Gruppen beziehen, muß die Evangelisch-Lutherische Kirche in Amerika ihre Grundsätze für Beziehungen zu Menschen anderer religiöser Überzeugungen (z.B. interreligiöse Dialoge, gemeinschaftliche karitative Bemühungen oder Fürsprachetätigkeit usw.) in einer gesonderten Erklärung formulieren.

2. *Bilaterale und multilaterale Dialoge.* Hier nimmt die Evangelisch-Lutherische Kirche in Amerika mit unterschiedlicher Beauftragung Gespräche mit denjenigen auf, die mit dem evangelischen und dem repräsentativen Prinzip übereinstimmen,

den dreieinigen Gott bekennen und die Verpflichtung zu "ökumenischer Bekehrung" teilen. Zu dieser Bekehrung oder Buße gehört Offenheit für neue Möglichkeiten unter der Führung des Geistes Gottes.

3. *Vorläufige Anerkennung.* Hier kann die Evangelisch-Lutherische Kirche in Amerika auf der Grundlage von Beziehungen von Kirche zu Kirche eucharistische Gastbereitschaft und Zusammenarbeit pflegen, ohne daß dabei die Amtsträger/innen wechselseitig zugelassen werden.

   a. Ein erstes Stadium erfordert die obigen Punkte 1. und 2. und die teilweise gegenseitige Anerkennung von Kirche und Sakramenten mit teilweiser Übereinstimmung in der Lehre.

   b. Ein zweites Stadium erfordert die Punkte 1., 2., 3.a., teilweise gegenseitige Anerkennung der ordinierten Amtsträger/innen und Kirchen, umfassendere Übereinstimmung in der Lehre, Verpflichtung zum Bemühen um volle Kirchengemeinschaft und vorläufige Zustimmung zur Aufhebung von wechselseitigen Verwerfungen. Dies könnte in dem zum Ausdruck kommen, was Lutheraner oft als Kanzel- und Abendmahlsgemeinschaft verstanden haben.

4. *Volle Kirchengemeinschaft.* In diesem Stadium ist das Ziel des Engagements dieser Kirche in der ökumenischen Bewegung voll erreicht. Hier muß die Frage nach der Gestalt und Form voller Kirchengemeinschaft aufgegriffen werden und eine praktische Beantwortung finden im Blick auf das, was im einzelnen Fall dem Sendungsauftrag der Kirche am besten dient und mit dem lutherischen Verständnis der Grundlage für die Einheit der Kirche in Artikel VII des Augsburger Bekenntnisses in Einklang steht.

Nach dem Verständnis der Evangelisch-Lutherischen Kirche in Amerika sind die Merkmale voller Kirchengemeinschaft theologische und missiologische Folgerungen aus dem Evangelium, die Vielfalt und Flexibilität erlauben. Durch diese Merkmale wird hervorgehoben, daß die Kirche um der Welt willen und nicht für sich selbst ökumenisch handeln soll. Zu solchen Merkmalen gehören zumindest folgende, von denen einige bereits in früheren Stadien vorhanden sind:

1. ein gemeinsames Bekennen des christlichen Glaubens;
2. eine wechselseitige Anerkennung der Taufe und ein Mitein-

anderteilen des Herrenmahls mit der Möglichkeit gemeinsamen Gottesdienstes und wechselseitiger Mitgliedschaft;
3. eine wechselseitige Anerkennung und Verfügbarkeit ordinierter Pfarrer/innen für den Dienst an allen Gliedern von Kirchen in voller Kirchengemeinschaft, wobei lediglich, aber in jedem Fall, die dienstrechtlichen Bestimmungen der anderen Kirchen zu gelten haben;
4. eine gemeinsame Verpflichtung zur Evangelisation, zu Zeugnis und Dienst;
5. ein Instrument gemeinsamer Entscheidungsfindung über wesentliche gemeinsame Fragen des Glaubens und des Lebens;
6. eine wechselseitige Aufhebung von Verwerfungen, die gegebenenfalls zwischen Kirchen bestehen.

Unserer Auffassung nach steht diese Definition und Beschreibung voller Kirchengemeinschaft im Einklang mit Artikel VII des Augsburger Bekenntnisses, in dem es heißt: "Denn das genügt zur wahren Einheit der christlichen Kirche, daß das Evangelium einmütig im rechten Verständnis verkündigt und die Sakramente dem Wort Gottes gemäß gefeiert werden". Übereinstimmung im Evangelium läßt sich erreichen und aussagen, ohne lutherische Bekenntnisformulierungen als solche anzunehmen. Sie ermöglicht flexible, situations-orientierte Entscheidungen über Kirchenverfassung und Entscheidungsstrukturen. Sie verlangt keine organische Union, ohne eine solche jedoch auszuschließen. Diese Definition entspricht auch dem Einheitsverständnis, wie es 1984 von der 7. Vollversammlung des Lutherischen Weltbundes in der Erklärung "Das Ziel der Einheit" (zitiert im obigen Abschnitt über den Lutherischen Weltbund) angenommen wurde.

Abschluss

Die Evangelisch-Lutherische Kirche in Amerika ist darum bemüht, ihren Grundlagen in Schrift und Bekenntnis treu zu sein. Als eine bekenntnisgebundene Kirche, die evangelisch, katholisch und ökumenisch ist, will diese Kirche das Ziel der vollen Kirchengemeinschaft verfolgen und sich über jede Bewegung auf dieses Ziel hin freuen.

L'oecuménisme: La vision de l'Eglise évangélique luthérienne d'Amérique

I. LES SOURCES[1]

Les membres de l'Eglise évangélique luthérienne d'Amérique (ELCA) s'efforcent, dans leur foi et leur vie, "de manifester l'unité donnée au peuple de Dieu en vivant les uns avec les autres dans l'amour du Christ et en se joignant aux autres chrétiens, dans la prière et dans l'action, pour rendre visible et préserver l'unité qui est don de l'Esprit" (Constitution de l'ELCA, 4.02.f.). Dans les pages qui suivent, on passera en revue les sources qui servent de référence et de fondement à la démarche oecuménique de cette Eglise: "se joindre aux autres chrétiens"; puis on retracera brièvement l'histoire de l'expérience oecuménique luthérienne pour indiquer la continuité de cette démarche avec celles des Eglises dont est issue l'ELCA.

A. LES BASES SCRIPTURAIRES, CONFESSIONNELLES ET CONSTITUTIONNELLES

L'engagement de l'Eglise évangélique luthérienne dans le mouvement oecuménique repose sur la compréhension que cette Eglise a

---

1. Le texte de cette déclaration est reproduit dans la deuxième partie de ce document (voir p. 93). La première partie du document, présentée initialement sous le titre "L'oecuménisme: la vision de l'Eglise évangélique d'Amérique", fut adoptée comme "document de travail" par l'Assemblée Luthérienne générale de l'ELCA à Chicago, le 25 août 1989. Cette première partie a été revue par la suite pour être soumise à la Deuxième Assemblée générale. Le 31 août 1991, la Deuxième Assemblée générale (Synode général) de l'Eglise évangélique luthérienne d'Amérique (ELCA) décidait "d'adopter dans sa version modifiée la 'Déclaration sur l'engagement oecuménique: déclaration de principes de l'Eglise évangélique luthérienne d'Amérique' comme devant servir de ligne d'action à cette Eglise." Voix–919; contre–67; abstentions–4.

French translation copyright © 1994 Augsburg Fortress.

des Ecritures et des confessions de foi luthériennes, telle que sa Constitution la définit.

Le témoignage des Ecritures

Pour définir sa vision de l'oecuménisme, l'Eglise se réfère au langage riche et divers des Ecritures. L'un des thèmes essentiels que l'on y trouve est celui de l'unité de tous les peuples. L'affirmation de l'unité commence avec le récit de Dieu un qui crée et gouverne l'univers entier et tous les peuples (Genèse 1–11). La construction de la tour de Babel conduit à l'éclatement de l'humanité. Face à cela, la promesse de Dieu à Abraham, "en toi seront bénies toutes les familles de la terre" (Genèse 12, 3), souligne le dessein bienveillant de Dieu pour tous les humains. Dieu a destiné Israël à accomplir sa volonté. Le serviteur chante: "Le Seigneur a parlé, lui qui m'a formé dès le sein maternel pour être son serviteur, afin de ramener Jacob vers lui, afin qu'Israël pour lui soit regroupé ... Il m'a dit: 'C'est trop peu que tu sois pour moi un serviteur en relevant les tribus de Jacob, et en ramenant les préservés d'Israël; je t'ai destiné à être la lumière des nations, afin que mon salut soit présent jusqu'à l'extrémité de la terre'" (Esaïe 49, 5-6; cf. Esaïe 42, 6). C'est pourquoi les psalmistes et les prophètes d'Israël appellent la terre entière et toutes les nations à s'unir dans l'adoration, la louange et la proclamation du Dieu de gloire, de justice, de salut et de bonté (Psaumes 96–100, Esaïe 45, 22-23; 55, 1-5; 60, 1-3).

C'est sur l'unité de Dieu que s'ouvrent et s'achèvent plusieurs passages importants du Nouveau Testament qui parlent de l'unité de l'Eglise. Dans Ephésiens 4, l'affirmation de Paul "un seul Seigneur, une seule foi, un seul baptême" (verset 5) trouve son point culminant dans la célébration doxologique d' "un seul Dieu et Père de tous, qui règne sur tous, agit par tous, et demeure en tous" (verset 6; cf. Philippiens 2, 10-11). Le but du ministère dans sa grande diversité (versets 11-12) est d'amener l'Eglise à l'unité dans la foi et dans la connaissance du Fils de Dieu (verset 13). C'est donc un ministère qui doit veiller aux questions qui concernent la vérité (versets 14-15a), afin que nous grandissions dans l'unité en Christ (versets 15b-16).

La prière que Jésus prononce pour ses disciples à la veille de sa mort sur la croix, dans Jean 17, relie clairement l'unité avec la vérité et la mission. Sa requête: "Consacre-les par la vérité: ta parole est vérité" (verset 17) débouche sur ces mots: "Comme tu m'as envoyé dans le monde, je les envoie dans le monde" (verset 18). Puis vient cette prière: "Que tous soient un comme toi, Père, tu es en moi et que je suis en toi" (verset 21a). L'unité des disciples dépend de l'unité avec Dieu, lorsque Jésus dit au Père: "qu'ils soient en nous eux aussi". Et le but de l'unité réside dans la mission: "afin que le monde croie que tu m'as envoyé" (verset 21b). Selon la prière du Christ, l'unité est donnée à l'Eglise non pas pour l'Eglise elle-même, mais afin qu'elle puisse se consacrer à sa mission auprès du monde, au nom de l'Evangile. L'Eglise réalise son unité à travers ses actes, et non pas seulement par le débat théologique.

D'autres passages de Jean montrent que les disciples, qui sont un avec le Christ, et les uns avec les autres, sont les sarments de la vigne [le Christ], qui doivent "porter du fruit en abondance" (15, 5). Il y aura un "seul troupeau" (10, 16) lorsque Jésus amènera les "autres brebis", parce qu'il y aura "un seul berger" qui est mort "pour réunir dans l'unité les enfants de Dieu qui sont dispersés" (11, 50-52).

Paul dit de l'Eglise qu'elle est le "seul corps du Christ" (Romains 12, 5) ou le "corps du Christ" (1 Corinthiens 12, 27), pour mettre en évidence la diversité des dons présents en chacun des membres de l'Eglise pour le bien de tous. Colossiens 1, 18 et Ephésiens 1, 22-23 soulignent la seigneurie de Jésus sur l'Eglise, son corps. Ainsi l'Eglise reçoit son unité du "seul Seigneur" (Ephésiens 4, 5) sous le règne duquel elle vit. Lorsque l'on compare les écrits du Nouveau Testament, on voit apparaître une multiplicité d'expressions de l'unité et de formes structurelles. Il n'existe pas de modèle unique de ministère ou de structure. Le Nouveau Testament nous rappelle aussi que les querelles et les divisions ont existé dès les tout premiers temps de l'Eglise (cf. par exemple Actes 6, 1 et 15, 1-29); Galatiens 2, 1-16; 1 Corinthiens 1, 10-17 et 3, 1-4); et que même, des doctrines séparatrices et de faux docteurs ont été condamnés (cf. par exemple Romains 16, 17; Philippiens 3, 2-20; 1 Jean 2, 18-20 et 4, 1-4; 2 Jean; Jude).

Ceux qui rompent l'unité de l'Eglise sont considérés comme des gens coupables de mauvaises actions (Galates 2, 11-20), qui "ne marchent pas droit selon la vérité de l'Evangile" (verset 14; cf. 2, 5); ils doivent revenir à la vérité de l'Evangile et de la foi en Christ, fondements de la communauté chrétienne. L'Evangile prétend détenir une vérité qui exige une proclamation et des actes authentiques et fidèles, en accord avec cet Evangile. Ainsi c'est seulement dans l'Evangile que peut se réaliser la véritable unité.

Les Ecritures utilisent d'autres termes significatifs pour décrire l'Eglise. Paul parle de "communion" (ou "partenariat", "partage") avec les Philippiens dans la proclamation de l'Evangile (Philippiens 1, 5.7; 4, 14.15). La communion dans l'Evangile, née de l'Evangile, a poussé les Philippiens à soutenir Paul financièrement dans son ministère de prédication. C'est la "participation" (la "communion") au corps et au sang du Christ qui fait qu'il y a un seul corps (1 Corinthiens 10, 16-17), alors que la non-reconnaissance du corps du Christ, dans l'Eglise, provoque des divisions (1 Corinthiens 11, 17-33). La bénédiction par laquelle Paul conclut sa deuxième épître au Corinthiens (13, 13) indique clairement que la communion de l'Esprit Saint est fondée sur la grâce en Christ Jésus et sur l'amour de Dieu.

Les chrétiens croient que Jésus a annoncé et fait advenir le royaume de Dieu (Marc 1, 13-14). Pourtant, dans l'oraison dominicale, ils prient en disant "que ton règne (celui du Père) vienne" (Matthieu 6, 10; Luc 11, 2). Le Nouveau Testament ne cesse de se mouvoir entre le don qui nous est fait avec la vie, la mort et la résurrection de Jésus, et le fait que l'Eglise, en tout temps, attend le retour de Jésus pour que s'accomplissent la justice, l'unité du peuple de Dieu et la parfaite communion avec Dieu. Cette espérance contraint l'Eglise à chercher à manifester, ici et maintenant, cette unité et cette communion.

Les Ecritures présentent un tableau réaliste à la fois de la tendance à la désunion qui caractérise l'être humain et de l'unité que nous pouvons atteindre en étant un en Christ. La Bible nous dit ce que Dieu veut, et nous met en garde contre les dangers qui menacent toujours une communauté chrétienne liée par l'acceptation mutuelle. Aujourd'hui, comme alors, il est nécessaire de prier: "Que le Dieu de la persévérance et de la consolation vous donne d'être bien d'accord entre vous, comme le veut Jésus Christ, afin que, d'un même coeur et d'une seule voix, vous rendiez gloire à Dieu, le Père de notre Seigneur Jésus Christ" (Romains 15, 5-6); et nécessaire, aussi, de nous entendre rappeler: "Accueillez-vous donc les uns les autres, comme le Christ vous a accueillis, pour la gloire de Dieu" (Romains 15, 7).

Les confessions de foi luthériennes

Le souci de l'unité de l'Eglise formulé dans les Ecritures a été au coeur des préoccupations de l'Eglise des premiers siècles. Il s'est exprimé dans le Symbole des apôtres et surtout dans le Symbole de Nicée-Constantinople de 381. Ces symboles oecuméniques, ainsi que le Symbole d'Athanase, furent intégrés dans le Livre de Concorde en 1580. Le fait de les y inclure, et d'y inclure aussi les premiers articles de la Confession d'Augsbourg, indique le désir des réformateurs luthériens de s'identifier à la tradition biblique et patristique.

Les confessions de foi luthériennes sont nées d'une tentative de réforme évangélique qui, contrairement à son intention, a abouti à des divisions dans l'Eglise d'Occident. En tant qu'écrits évangéliques, elles insistent sur la justification par la grâce, par le moyen de la foi, comme critère permettant de juger toute doctrine et toute vie d'Eglise. En tant qu'écrits catholiques, elles affirment que l'Evangile est essentiel à l'Eglise pour que celle-ci soit une, sainte, catholique et apostolique. Les dimensions évangéliques et catholiques des confessions de foi sont complémentaires, et non pas contradictoires. Lorsqu'une mauvaise interprétation de la tradition catholique entre en conflit avec l'Evangile, le choix confessionnel luthérien classique se fait toujours, aujourd'hui comme hier, en faveur de l'Evangile. Ces confessions de foi sont soucieuses d'exprimer l'unité de l'Eglise du Christ dans la fidélité à l'Evangile, la sauvegarde de l'héritage catholique authentique et le renouveau de l'Eglise tout entière. C'est ce qui se dégage des observations suivantes:

1. Elles se réfèrent toujours aux textes des Ecritures, avec l'accent qu'elles mettent sur l'enseignement de la vérité de l'Evangile, comme étant la norme et le seul fondement suffisant de l'unité chrétienne. A cause de cet accent mis sur l'Evangile, elles renvoient aussi à la confession scripturaire d'un seul Seigneur et d'une seule Eglise comme étant fondamentale pour la compréhension de l'unité chrétienne.

2. Elles commencent par les symboles oecuméniques de l'Eglise ancienne—Symbole des apôtres, Symbole de Nicée et Symbole d'Athanase—considérés comme étant "les trois symboles majeurs". Les luthériens ont toujours une base commune avec ceux qui partagent avec eux ces symboles et la Bible.

3. Elles puisent dans la réflexion théologique des grands penseurs de l'Eglise primitive d'Orient et d'Occident, et ont donc aussi un patrimoine commun avec ceux qui connaissent et honorent les théologiens de l'ère patristique.

4. Si bon nombre des confessions de foi luthériennes ont été forgées au cours des luttes du 16e siècle et insistent sur les points qui les opposent aux catholiques romains, aux réformés, aux

anabaptistes et même à certains luthériens, elles expriment également—explicitement ou non—de nombreux points d'accord fondamental avec ces groupes.

5. La confession qui est à la base de la foi luthérienne, la Confession d'Augsbourg de 1530, se veut à la fois expression pleinement catholique et pleinement évangélique de la foi chrétienne. La première partie, qui expose les principaux articles de foi, déclare que la Confession est clairement fondée sur l'Ecriture et ne s'écarte pas de l'Eglise chrétienne universelle (c'est-à-dire catholique). Les confesseurs, à Augsbourg, se sont contentés de demander la liberté de prêcher et de célébrer le culte conformément à l'Evangile. Ils étaient prêts, si l'on reconnaissait la légitimité de ces réformes, à rester en communion avec ceux qui ne partageaient pas toutes les formulations théologiques ou les pratiques réformatrices (Confession d'Augsbourg, préface, article XV, article XXVIII et conclusion). C'est dans ce contexte historique qu'il faut comprendre l'article VII: "Pour qu'il y ait une vraie unité dans l'Eglise, il suffit (*satis est*) d'être d'accord sur la doctrine de l'Evangile et sur l'administration des sacrements . . ." (traduction du texte latin de la Confession d'Augsbourg, dans: La foi des Eglises luthériennes, Confessions et catéchismes, textes publiés par André Birmelé et Marc Lienhard, Cerf/Paris et Labor et Fides/Genève, 1991, p. 46). Sur bien d'autres points, les confesseurs admettaient la diversité des opinions et la liberté des débats (voir Les Articles de Smalkalde, IIIème partie, introduction).

Aujourd'hui, la situation historique est différente. L'Eglise d'Occident est morcelée en des centaines de dénominations; en outre, au 19e siècle, l'urgence de la proclamation missionnaire a mis en évidence le scandale d'une Eglise divisée. Ces faits nouveaux appellent l'Eglise évangélique luthérienne d'Amérique à rechercher une expression plus complète de l'unité avec le plus grand nombre possible de dénominations.

Les luthériens n'ont pas toujours la même manière de juger les contrastes qui existent entre le 16e siècle et le nôtre. Certains membres de l'Eglise évangélique luthérienne d'Amérique pensent que l'unité était déjà brisée lorsque les confesseurs présentèrent la Confession d'Augsbourg en 1530; d'autres considèrent que les confesseurs s'efforçaient de maintenir une unité qui continuait d'exister. Mais tous sont unanimes à dire que le *"satis est"* de l'article VII de la Confession d'Augsbourg a posé un principe oecuménique qui est tout aussi valide aujourd'hui qu'il l'était en 1530. L'Article VII continue d'être libérateur sur le plan oecuménique du fait qu'il affirme que la vérité de l'Evangile est la foi catholique et qu'elle suffit à la véritable unité de l'Eglise.

Face aux revendications des diverses dénominations aujourd'hui, le *satis est* offre une ressource et un fondement oecuméniques à partir desquels il est possible de progresser vers des degrés de communion [koinonia] plus étroite entre les Eglises divisées. L'Article VII demeure fondamental pour l'action oecuménique luthérienne. Il signifie avant tout que seules les choses qui transmettent le salut, la justification par la grâce, par le moyen de la foi, peuvent être signes et éléments constitutifs de l'Eglise. Cependant, malgré toute sa cohérence et sa précision, l'Article VII n'offre pas une doctrine complète de l'Eglise. Il n'est pas en premier lieu l'expression d'une ouverture et d'une liberté oecuméniques mal comprises à l'égard de la discipline et des us et coutumes de l'Eglise. Les affirmations qu'il contient sont essentielles à la compréhension de l'unité de l'Eglise, mais elles ne sont pas exhaustives. Ce qu'il veut dire avant tout c'est que seules les choses qui transmettent le salut, la justification par la grâce, par le moyen de la foi, peuvent être signes et éléments constitutifs de l'Eglise. Il est également nécessaire de reconnaître les implications évangéliques et ecclésiologiques de la situation missionnaire de l'Eglise à travers le monde, implications qui n'existaient pas au 16e siècle.

L'Article VII de la Confession d'Augsbourg continue d'être libérateur oecuméniquement parlant parce qu'il insiste sur le fait qu'un accord sur l'Evangile suffit à l'unité chrétienne. Lorsque les luthériens s'efforcent d'entrer en communion avec d'autres chrétiens sans insister sur l'uniformité doctrinale ou ecclésiastique, ils mettent un accent oecuménique sur la formulation et l'expression communes du consensus théologique sur l'Evangile. La recherche commune d'un accord théologique plus large, et la quête permanente et lucide de la vérité théologique de l'Evangile qu'il faut proclamer ensemble en ce temps de crise que connaît notre monde, nous ouvrent un espace nous permettant de reconnaître, de vivre et de découvrir ensemble la communauté.

6. D'autres confessions de foi luthériennes, même si elles diffèrent les unes des autres de par leur nature et leurs intentions, s'accordent avec la Confession d'Augsbourg sur la question de l'unité de l'Eglise. Par exemple:

   a. Le Petit Catéchisme enseigne sous une forme simple la foi évanqélique et catholique afin qu'elle puisse être connue de tout le peuple de Dieu.

   b. La Formule de Concorde de 1577 expose en détail le débat et le désaccord théologiques qui divisent le luthéranisme et donne à entendre, en dépit de l'accent mis sur le rejet et la condamnation des erreurs et de la doctrine contraire, qu'il est possible de régler et de réconcilier les divergences "sous la conduite de la Parole de Dieu".

C'est à partir de cette conception biblique et confessionnelle telle qu'elle est formulée dans sa Confession de foi (Constitution de l'ELCA, chapitre 2) que l'Eglise évangélique luthérienne d'Amérique s'identifie à cette vision d'une unité plus complète de tout le peuple du Christ.

Au chapitre 4 de la Constitution, intitulé "Statement of Purpose" (Définition du mandat), il est spécifié que l'Eglise évangélique luthérienne d'Amérique s'engage à servir à la fois l'unité des luthériens et l'unité des chrétiens (4.03.d et 4.03.f).

Dans sa conception de l'oecuménisme, l'Eglise évangélique luthérienne d'Amérique englobe plus que les seules dénominations luthériennes. Elle se réjouit du mouvement qui va vers la conclusion d'un accord sur la doctrine de l'Evangile avec d'autres Eglises dont les héritages historiques et théologiques diffèrent des siens. Le degré d'ouverture dont les autres font preuve, comme notre propre engagement confessionnel, influent sur le développement de nos relations et notre croissance dans l'unité avec "tous ceux qui invoquent en tout lieu le nom de notre Seigneur Jésus Christ, leur Seigneur et le nôtre" (1 Corinthiens 1, 2).

B. L'Heritage oecumenique

Au cours du 20e siècle, les Eglises, et notamment celles qui ont précédé l'Eglise évangélique luthérienne d'Amérique, se sont engagées de manière permanente, et tout à fait officielle, dans la recherche active des moyens de surmonter les divisions des chrétiens et, par l'Esprit de Dieu, de donner une expression visible à l'unité du peuple du Christ. Le mouvement oecuménique doit être perçu comme un stimulant qui incite les chrétiens, sous l'impulsion de l'Esprit, à faire connaître autour d'eux l'appel à l'unité que Dieu adresse à l'Eglise. C'est pourquoi ce mouvement va bien au-delà des conférences et des réunions de conseils d'Eglises, bien que de tels événements lui servent de jalons.

Avant la deuxième guerre mondiale, les luthériens des Eglises d'Europe du Nord et de quelques Eglises d'Amérique du Nord ont participé aux grandes conférences mondiales sur la mission qui ont donné une forte impulsion au mouvement oecuménique moderne, comme aussi aux conférences de Foi et constitution et du Christianisme pratique. Il est vrai qu'au début, les luthériens américains se sont montrés hésitants et circonspects, certains restant plus sur la réserve à cause de leur souci de la vérité confessionnelle, alors que d'autres, animés de ce même souci, s'ouvraient davantage à l'engagement oecuménique. Ces conférences ont fini par s'intégrer à une organisation permanente et plus unifiée, le Conseil oecuménique des Eglises.

Les Conseils d'Eglises

En 1948, les luthériens d'Amérique du Nord ont joué un rôle de premier plan dans la formation du Conseil oecuménique des Eglises et insisté avec succès sur le fait que la représentation des Eglises devait être établie essentiellement selon les familles confessionnelles. En l'espace de dix ans, presque toutes les Eglises dont est issue l'Eglise évangélique luthérienne d'Amérique sont devenues membres du Conseil oecuménique. A cette époque, les luthériens constituaient le plus grand groupe confessionnel de ce Conseil. Ce dernier a accordé une très grande attention aux questions de l'unité chrétienne, de la mission et du service.

A des degrés divers, les Eglises en voie d'union et leurs membres ont pris part à la vie des conseils d'Eglises qui se sont créés au niveau local et régional (Etats fédérés), ainsi qu'aux activités du Conseil national des Eglises du Christ des Etats-Unis d'Amérique (NCCCUSA). Cet engagement les a amenées à mieux comprendre les possibilités offertes par l'action oecuménique et ses défis.

Les dialogues oecuméniques

En 1950, de nombreux luthériens d'Amérique du Nord se trouvaient pleinement engagés dans l'oecuménisme dans cette région même, mais aussi dans le monde entier. Durant les dix années qui suivirent, ils prirent une part active au développement des dialogues oecuméniques. Après 1965, ces dialogues reçurent une nouvelle impulsion du fait de l'entrée de l'Eglise catholique romaine dans le mouvement oecuménique, événement qui portait l'empreinte du Deuxième Concile du Vatican et fut ratifié par lui. D'autres dialogues se poursuivirent ou furent entamés avec les réformés et les presbytériens, les épiscopaliens, les méthodistes unis, les orthodoxes, les baptistes et les évangéliques conservateurs. La participation à ces dialogues des Eglises mères de l'Eglise évangélique luthérienne d'Amérique fut coordonnée au sein du Conseil luthérien national puis, plus tard, du Conseil luthérien des Etats-Unis d'Amérique et de la Fédération luthérienne mondiale. L'unité des luthériens et l'unité des chrétiens progressaient ensemble.

En 1982, lorsqu'on approuva officiellement la création d'une commission destinée à préparer l'union qui devait donner naissance à l'Eglise évangélique luthérienne d'Amérique, l'oecuménisme connut de rapides progrès.

La Fédération luthérienne mondiale

La présence d'Eglises en voie d'union au sein de la Fédération luthérienne mondiale, et leur active participation à ses activités, ont ouvert de nouvelles perspectives oecuméniques. En 1984, lors de l'Assemblée de la FLM, les Eglises membres de la Fédération se sont déclarées *en communion de chaire et d'autel*. Elles ont déclaré être une communion d'Eglises. Cette déclaration risque d'avoir des répercussions profondes sur la nature de la Fédération elle-même et sur la manière dont les Eglises comprennent leurs relations les unes avec les autres, et avec les Eglises non membres. En 1984, l'Assemblée de la FLM a également adopté le texte ci-après, qui définit sa conception de l'unité: celle-ci est compatible avec les vues exprimées dans la déclaration de principes de l'Eglise évangélique luthérienne d'Amérique, qui est reproduite dans la deuxième partie du présent document:

> La véritable unité de l'Eglise, qui est l'unité du corps du Christ et participe de l'unité du Père, Fils et Saint-Esprit, est donnée dans et à travers la proclamation de l'Evangile par la Parole et le Sacrement. Cette unité s'exprime en tant que communion dans la confession commune, et en même temps multiforme, de la seule et même foi apostolique. C'est une communion au saint baptême et au repas eucharistique, une communion dans laquelle les ministères exercés sont reconnus par tous comme étant des expressions du ministère institué par le Christ dans son Eglise. C'est une communion où les diversités contribuent à la plénitude et ne sont plus des obstacles à l'unité. C'est une communauté engagée, dont les membres sont capables de prendre des décisions ensemble et d'agir ensemble.
>
> La diversité présente au sein de cette communion naît de la différence des contextes culturels et ethniques dans lesquels l'Eglise une du Christ accomplit sa mission, et de la pluralité des traditions ecclésiales dans lesquelles la foi apostolique a été maintenue, transmise et vécue au fil des siècles. C'est lorsque ces diversités sont reconnues comme des expressions de la seule foi apostolique et de la seule Eglise catholique que les traditions sont changées, les antagonismes surmontés et les condamnations réciproques levées. Les diversités sont alors réconciliées et transformées en une multiformité légitime et indispensable dans le corps un du Christ.
>
> Cette communion vit son unité en confessant la foi apostolique une. Elle se rassemble dans le culte et dans l'intercession pour tous les humains. C'est une communauté agissante qui rend un témoignage commun à Jésus Christ, prend la défense des faibles, des pauvres et des opprimés, et s'engage dans la lutte pour la paix, la justice et la liberté. Elle s'ordonne à tous les niveaux dans des structures et des actes conciliaires. Elle a constamment besoin de renouveau et est en même temps un avant-goût de cette communion que le Seigneur, à la fin des temps, instituera dans son royaume.

Les luthériens américains ont été encouragés par la participation de la communauté oecuménique aux célébrations qui ont marqué le

450e anniversaire de la Confession d'Augsbourg en 1980, et le 500e anniversaire de la naissance de Martin Luther en 1983.

Les positions des Eglises en voie d'union

En 1978, l'Eglise luthérienne américaine et l'Eglise luthérienne d'Amérique ont approuvé une "Déclaration de principes sur la pratique de la communion" (Statement on Communion Practices). La deuxième partie de cette déclaration, "Recommandations pour la pratique de la communion", adoptée par les deux Eglises lors de leurs Assemblées générales, comportait une sous-section sur l'intercommunion qui contenait des directives concernant l'hospitalité eucharistique dans un cadre luthérien et lors de rencontres oecuméniques.

Lors de sa onzième Assemblée générale, en 1982, l'Eglise luthérienne d'Amérique a approuvé le texte "L'oecuménisme: un engagement luthérien" (Ecumenism: A Lutheran Commitment) comme étant sa position officielle. Cette déclaration est devenue la charte d'un programme d'étude et d'action oecuméniques aux objectifs précis. Trois ans plus tard, le Conseil de l'Eglise luthérienne américaine approuvait un texte similaire intitulé: "Perspectives et lignes d'action oecuméniques" (Ecumenical Perspective and Guidelines). Ainsi, deux des Eglises en voie d'union s'étaient déjà prononcées par de solides déclarations sur les raisons fondamentales de leur engagement oecuménique.

En 1982, les trois Eglises dont est issue l'ELCA ont conclu un "Accord luthéro-épiscopal" avec l'Eglise épiscopale des Etats-Unis. Après des années de dialogue bilatéral, ces Eglises ont pu accéder à un nouveau degré de communion qui rendait possible une reconnaissance mutuelle des Eglises, la prière et l'étude communes, l'engagement commun à l'évangélisation et à la mission, une célébration eucharistique commune intérimaire, la poursuite du dialogue, et l'engagement de travailler ensemble pour atteindre à la communion complète. En 1988, cet accord est entré dans la vie de l'Eglise évangélique luthérienne d'Amérique.

Lorsque le dialogue luthéro-réformé rendit compte aux Eglises, en 1984, des résultats de ses trois séries de travaux, ses recommandations posèrent aux Eglises en voie d'union des questions décisives. Le rapport sur le dialogue, *An Invitation to Action* (Une invitation à l'action), reçut un accueil très inégal. Les trois Eglises en voie d'union reconnurent véritablement l'Eglise réformée d'Amérique et l'Eglise presbytérienne (Etats-Unis) comme étant des Eglises où l'Evangile est prêché, et s'engagèrent à participer à des projets communs et au moins à une célébration commune limitée du culte. En 1986, l'Association des Eglises évangéliques luthériennes et l'Eglise luthérienne américaine créèrent des liens nouveaux avec l'Eglise presbytérienne (Etats-Unis) et l'Eglise réformée d'Amérique. En 1986, l'Eglise luthérienne d'Amérique adopta une décision qui se conformait à la "Déclaration sur la pratique de la communion" de 1978 sans aller au-delà. Avec la formation de l'Eglise évangélique luthérienne d'Amérique, les relations instituées en 1986 prirent fin. La création de liens plus étroits avec l'Eglise réformée d'Amérique et l'Eglise presbytérienne (Etats-Unis) à laquelle s'étaient engagées en 1986 les trois Eglises en voie d'union, devenait du ressort de l'Eglise évangélique luthérienne d'Amérique.

Tous ces événements indiquent que la réception officielle des résultats des dialogues est aujourd'hui une préoccupation majeure, puisque les rapports issus des dialogues demandent aux Eglises mandantes de prendre des mesures concrètes. De telles requêtes montrent qu'il faut que les Eglises prennent sérieusement en compte la réception des travaux des dialogues dans leur vie et dans leur foi.

Les années de formation de l'Eglise évangélique luthérienne d'Amérique

A partir de 1982, et jusqu'à la création de l'Eglise évangélique luthérienne d'Amérique, les trois évêques des Eglises en voie d'union, et d'autres responsables, ont établi des relations avec d'importantes personnalités ecclésiastiques un peu partout dans le monde. De telles relations avaient déjà été instituées au cours des années antérieures, mais les contacts pris dans les années quatre-vingts, par leur intensité et leur caractère systématique, ont permis d'accéder à de nouveaux stades dans la confiance et l'engagement à l'unité de l'Eglise, et d'ouvrir de nouvelles perspectives de progrès oecuméniques.

En 1983, la Commission de foi et constitution du Conseil oecuménique des Eglises a remis aux Eglises le document *Baptême, eucharistie, ministère* pour qu'elles y réagissent et travaillent à sa réception. Deux des Eglises engagées dans la formation de l'Eglise évangélique luthérienne d'Amérique ont réagi officiellement à ce texte de convergence. Les réactions reçues de la part d'Eglises du monde entier ont montré l'immense intérêt suscité par cette importante démarche oecuménique qui va se poursuivre.

Ainsi, les années de gestation de l'Eglise évangélique luthérienne d'Amérique ont été une période de grande croissance oecuménique dont les fruits ont enrichi la nouvelle Eglise unie dès sa naissance.

II. DECLARATION SUR L'ENGAGEMENT OECUMENIQUE: DECLARATION DE PRINCIPES DE L'EGLISE EVANGELIQUE LUTHERIENNE D'AMERIQUE[2]

A. LA BASE: UNE EGLISE CONFESSIONNELLE QUI EST EVANGELIQUE, QUI EST CATHOLIQUE, QUI EST OECUMENIQUE

L'Eglise évangélique luthérienne d'Amérique, comme il est dit clairement dans le chapitre 2 de sa Constitution ("Confession of Faith"), est une Eglise confessionnelle. Ses confessions de foi enseignent que la communauté en Christ, proclamée dans l'Evangile et les sacrements, est le fondement de l'unité de l'Eglise. C'est ce que souligne l'Article VII de la Confession d'Augsbourg lorsqu'il dit: "Pour qu'il y ait une vraie unité dans l'Eglise, il suffit d'être d'accord sur la doctrine de l'Evangile et sur l'administration des sacrements" (traduction du texte latin de la Confession d'Augsbourg, dans: La foi des Eglises luthériennes, Confessions et catéchismes, textes publiés par André Birmelé et Marc Lienhard, Cerf/Paris et Labor et Fides/ Genève, 1991, p. 46).

L'unité de l'Eglise, telle qu'elle est proclamée dans les Ecritures, est un don et un dessein de Dieu en Jésus Christ. L'oecuménisme est la joyeuse expérience de l'unité du peuple du Christ en même temps que le devoir impératif de rendre cette unité visible et de lui donner une expression structurelle, afin de promouvoir la proclamation de l'Evangile pour le bien de l'humanité. En participant aux activités oecuméniques, l'Eglise évangélique luthérienne d'Amérique s'efforce d'être ouverte dans la foi à l'action de l'Esprit, de manière à manifester plus pleinement le fait que nous sommes un en Christ.

Dans sa relation avec les autres Eglises, l'Eglise évangélique luthérienne d'Amérique, sur la base de sa confession de foi et sous la

---

2. Ce texte a été adopté par l'Assemblée de l'ELCA le 31 août 1991.

seigneurie du Christ, se conçoit et s'engage dans la mission de Dieu comme une Eglise qui est évangélique, qui est catholique et qui est oecuménique. Son caractère confessionnel n'est pas en contradiction avec son engagement oecuménique, mais il fait de cet engagement une nécessité découlant de l'Evangile.

Cette définition vise à aider l'Eglise à se concevoir dans sa dimension oecuménique. Elle ne doit pas être perçue comme un substitut des marques traditionnelles de l'Eglise "une, sainte, catholique et apostolique", auxquelles cette Eglise est liée par son engagement confessionnel. Elle ne constitue pas non plus une liste des caractéristiques qu'elle requiert des autres Eglises pour nouer avec elles des relations oecuméniques.

Etre *évangélique*, c'est être attaché à l'Evangile de Jésus Christ (Romains 1, 16; Marc 1, 1). L'Eglise est créée par l'Evangile. L'Evangile est plus que le souvenir humain de ce que Dieu a accompli dans le passé en Israël et, de manière unique, en Jésus de Nazareth (2 Corinthiens 5, 19a), et plus que notre confession de foi sur ces événements. C'est la proclamation de ce que Dieu, par sa puissance, a accompli en Christ et dans sa résurrection (2 Corinthiens 5, 19b–21), événement qui nous ouvre l'avenir de l'amour éternel de Dieu, qui, par le Christ crucifié et ressuscité nous justifie, nous réconcilie, et fait de nous des créatures nouvelles (2 Corinthiens 5, 17–18). Cet Evangile est inconditionnel car il annonce la promesse sûre et certaine de Dieu qui, en Christ, justifie les impies par la grâce, par le moyen de la foi, indépendamment des oeuvres, et destine sa promesse à tous les êtres humains sans distinction. Cet Evangile est eschatologique, puisqu'il annonce la destruction du dernier ennemi, la mort, lorsque le Christ remettra la royauté à Dieu, le Père, et que Dieu sera tout en tous (1 Corinthiens 15, 24–28). Cette annonce offre à l'Eglise une vision qui guide et inspire son action oecuménique.

Etre *catholique*, c'est être attaché à la plénitude de la foi apostolique et tenu d'exprimer, dans la confession et la doctrine, cette foi qui s'adresse au monde entier (Romains 10, 8b–15.18b; Marc 13, 10; Matthieu 28, 19–20). Le mot "catholique" signifie que l'Eglise est une communauté, enracinée dans l'événement Christ, qui s'étend à tous les lieux et à tous les temps. Il affirme que Dieu a rassemblé et continue de rassembler un peuple en une communauté sanctifiée dans l'Evangile qu'elle reçoit et proclame. Cette communauté, qui est un peuple placé sous la seigneurie du Christ, a part à la foi catholique dans le Dieu trinitaire, honore les saintes Ecritures auxquelles elle se réfère comme source et norme contraignantes de la proclamation de l'Eglise, reçoit le saint baptême et célèbre la sainte cène, a un ministère ordonné et confesse l'Eglise une, sainte, catholique et apostolique.

Etre *oecuménique*, c'est être attaché à l'unité à laquelle Dieu appelle le monde dans le don salvateur de Jésus Christ. C'est aussi reconnaître les divisions qui ont déchiré l'Eglise à travers l'histoire et l'appel de Dieu, surtout à notre époque, à guérir la désunion du peuple du Christ. Par l'Esprit Saint, Dieu rend l'Eglise capable d'accomplir ce ministère. En s'efforçant d'être oecuménique, cette Eglise:

1. cherche à manifester l'unité que Dieu veut pour l'Eglise dans un avenir ouvert aux orientations de Dieu;

2. cherche à comprendre et à respecter son passé, son histoire et ses traditions comme autant de dons gratuits de Dieu qui demeureront incomplets tant que l'Eglise ne sera pas parvenue à l'unité en Christ;

3. apporte sa contribution et s'enrichit, non pas en essayant de restaurer le passé, mais en cheminant vers la manifestation visible de l'unité, et donc vers les autres chrétiens;

4. s'engage à se joindre aux autres dans la célébration commune du Dieu trinitaire, à proclamer l'Evangile à tous et à s'unir aux autres, en paroles et en actes, pour promouvoir la justice, soulager la misère et réconcilier ceux qui sont aliénés dans un monde souffrant;

5. appelle ses membres à se repentir d'avoir contribué de diverses manières à la désunion du peuple du Christ, par action et par omission;

6. engage vivement chacun de ses membres à prier pour l'unité de l'Eglise, dans sa propre Eglise comme avec les membres d'autres Eglises, à prendre en considération les idées et les attitudes nouvelles, à se montrer prêt à renoncer aux choses non essentielles, et à prendre des décisions, en particulier concernant la réception d'accords oecuméniques, là où c'est possible—tout cela dans l'intérêt de l'unité de l'Eglise;

7. reconnaît que lorsqu'il y a accord sur l'Evangile, la charge de la preuve revient à ceux qui s'opposent à l'unité;

8. cherche à exprimer notre unité en Christ à travers divers modèles d'unité compatibles avec l'Evangile et avec la mission de l'Eglise.

B. La position de l'Eglise evangelique lutherienne d'Amerique

La Confession de foi de l'Eglise évangélique luthérienne d'Amérique (Constitution de l'ELCA, chapitre 2) peut être qualifiée d'évangélique, de catholique et d'oecuménique. Le Dieu trinitaire, Père, Fils et Saint-Esprit, y est confessé et l'accent mis sur l'oeuvre rédemptrice de la deuxième Personne. Les Ecritures canoniques y sont reconnues comme la Parole inspirée de Dieu et comme la norme de la proclamation et de la vie de l'Eglise. Les trois symboles de foi oecuméniques y sont acceptés comme des déclarations authentiques de la foi. La Confession d'Augsbourg y est acceptée comme un authentique témoignage rendu à l'Evangile et comme un fondement de l'unité, tandis que les autres confessions luthériennes sont considérées comme des interprétations valides de la foi. En ce qui concerne l'autorité des textes, le langage utilisé dans ce chapitre renvoie délibérément à un ordre ancien, catholique et oecuménique. Les écrits luthériens proprement dits sont considérés comme des témoignages authentiques et des interprétations valides de déclarations plus anciennes qui font davantage autorité. Le chapitre s'achève sur une confession de l'Evangile, puissance de Dieu qui crée et soutient la mission de l'Eglise. Ainsi l'Evangile, "Christ seul", est la clé qui permet de comprendre les Ecritures, les symboles de foi et les confessions.

Les trois caractéristiques de cette confession de foi de l'Eglise—évangélique, catholique, oecuménique—s'expriment également dans les chapitres de la Constitution de l'ELCA qui traitent de "La nature de l'Eglise" (chapitre 3), de la "Définition du mandat" (chapitre 4) et des "Principes d'organisation" (chapitre 5).

L'Eglise évangélique luthérienne d'Amérique ose se tourner dans plusieurs directions à la fois, vers ceux avec lesquels elle peut trouver un accord sur l'Evangile. Elle n'accorde la préférence à aucune dénomination ou aucun groupe chrétien. C'est pourquoi cette Eglise, qui est membre de la communion luthérienne mondiale, ne se veut exclusivement liée ni à l'ensemble du luthéranisme ni à l'ensemble du protestantisme; elle ne se veut pas non plus consacrée uniquement au rapprochement avec l'Eglise catholique romaine ou au développement des relations avec les orthodoxes.

Avec plus de hardiesse encore, l'Eglise évangélique luthérienne d'Amérique prend son héritage théologique luthérien tellement au sérieux qu'elle croit que la parole de Dieu sur la justification exclut les formes d'autojustification ecclésiastique résultant de l'héritage polémique du 16e siècle. La première parole oecuménique de cette Eglise risque bien d'être une parole d'autocritique, une parole contre elle-même, parce que nous sommes appelés à chercher une vérité qui, plus grande que nous tous, condamne nos particularismes, nos impérialismes et nos égocentrismes. En prononçant cette parole d'autocritique, l'Eglise aura la liberté de rejeter une conception triomphaliste et magistérielle d'elle-même, et de se comprendre plutôt comme une communauté de mission et de témoignage au service du règne de Dieu qui vient. De cette façon, l'Eglise évangélique luthérienne d'Amérique ne permettra pas que sa vision oecuménique soit dominée par l'attention portée aux controverses théologiques et aux divisions d'hier, mais elle s'investira plutôt dans la réflexion théologique et l'action missiologique d'*aujourd'hui* et de *demain*.

C. LES FORMES D'OECUMENISME

L'oecuménisme doit imprégner, inspirer et animer tous les aspects de la foi et de la vie de cette Eglise, parce qu'il est inséparable de l'Evangile et de la mission dans le monde. Il montre combien il est nécessaire que l'Eglise soit interdépendante et accueillante à tous. L'interdépendance des différents domaines au sein de cette Eglise, et l'ouverture qu'elle pratique, à tous sans distinction, au milieu des divisions de la société, sont des manifestations importantes de son unité. C'est pourquoi elle est tenue de promouvoir la participation des femmes et des hommes à son ministère ordonné, et de les inviter les unes comme les autres à travailler dans ses structures. Cela devrait être perceptible à ceux qui sont dans l'Eglise comme à ceux qui sont à l'extérieur, à mesure que l'Eglise avance dans l'accomplissement de sa mission. Il existe un lien extrêmement étroit entre l'unité de l'Eglise et sa mission (Jean 17, 20–23).

A partir de sa position évangélique, catholique et oecuménique, et de son lien manifestement étroit avec la mission, l'Eglise évangélique luthérienne d'Amérique est libre de chercher des modèles de structure et de ministère, comme aussi des formes d'action commune, qui soient un témoignage authentique de la foi chrétienne et une expression véritable de l'amour de Dieu en Christ. Cet oecuménisme caractérisera l'Eglise dans toutes les manifestations de sa vie. Lorsque les communautés locales et les synodes prennent des initiatives oecuméniques, l'Eglise entière peut en retirer un enseignement. En même temps, lorsque l'Eglise entière offre aux communautés des directives pour les guider dans leur action, elle devient le canal par lequel chaque communauté peut servir l'ensemble de la communauté de foi à travers le monde.

L'Eglise évangélique luthérienne d'Amérique s'engage dans des conseils d'Eglises aux échelons locaux, nationaux et mondiaux ainsi que dans d'autres organisations oecuméniques. Dans les relations qu'elle entretient avec eux, elle est guidée par les principes *évangéliques* et *représentatifs*.

Le principe *évangélique* est le principe selon lequel elle ne deviendra membre officiel de ces organisations oecuméniques que si celles-ci sont exclusivement composées d'Eglises qui confessent Jésus Christ comme Seigneur et Sauveur divin.

Le principe *représentatif* est le principe selon lequel, dans les organisations oecuméniques, les représentants officiels des Eglises ne doivent jamais siéger sur un pied d'égalité avec des personnes qui ne représentent qu'elles-mêmes ou qui représentent des organisations qui sont moins que des Eglises.

Des dérogations dans l'application de ces principes, pour des raisons liées au contexte local, pourront être prononcées par un synode en concertation avec le Département des affaires oecuméniques de l'Eglise évangélique luthérienne d'Amérique.

L'Eglise évangélique luthérienne d'Amérique participe activement à des dialogues bilatéraux et multilatéraux. Dans son optique, ces dialogues ne se concurrencent pas, mais en se renforçant mutuellement, ils permettent de progresser sur la voie de l'oecuménisme. En même temps, l'Eglise explore d'autres formes d'action comme, par exemple, les projets communs dans le domaine de la mission, de l'instruction religieuse et de l'utilisation des médias, pour arriver à une meilleure compréhension et à une meilleure entente avec les autres Eglises.

Ces efforts, dont font partie l'étude, la prière et la célébration communes, doivent trouver leur expression à travers les diverses formes structurelles de l'Eglise évangélique d'Amérique. Toutes ces activités doivent être encouragées et s'enrichir mutuellement. L'oecuménisme local et ses formes synodales et régionales offrent un espace riche et stimulant permettant de progresser vers l'unité de l'Eglise. Il a beaucoup à apporter au mouvement oecuménique national et international, et beaucoup à en recevoir. C'est le plus souvent dans la communauté locale que les chrétiens vivent leur première expérience oecuménique, ou dans des réunions locales de croyants en contact avec des groupes d'autres traditions qui partagent le même Seigneur, le même baptême et la même mission.

L'Eglise évangélique luthérienne d'Amérique fait partie d'une communauté luthérienne plus vaste. Dans la Fédération luthérienne mondiale, elle vit en communion de chaire et d'autel avec les autres Eglises membres. Si elle poursuit ses activités oecuméniques de manière indépendante, elle est cependant responsable d'en informer ces Eglises avec lesquelles elle jouit de relations étroites, et de prendre en considération leurs remarques et leurs réactions.

L'oecuménisme vise avant tout à parvenir à plus de compréhension entre les chrétiens et à une plus grande unité du peuple du Christ. En tant que tel, il est étroitement lié à la mission d'annoncer l'Evangile au monde entier. Il ne doit pas être confondu avec la tâche importante mais distincte, qui incombe à l'Eglise, d'entamer des conversations avec les croyants d'autres religions en vue d'une meilleure compréhension mutuelle. L'Eglise évangélique luthérienne d'Amérique participe de diverses manières à ces activités interreligieuses et elle aura besoin à l'avenir d'une déclaration officielle séparée qui traitera de ses engagements et de ses aspirations dans ce domaine. Lors de la rédaction de cette déclaration, on accordera une attention particulière à la spécificité du judaïsme.

D. LE BUT ET LES DIFFERENTS STADES DES RELATIONS OECUMENIQUES

C'est parce qu'elle aspire à l'unité chrétienne que l'Eglise évangélique luthérienne d'Amérique participe activement à la vie du mouvement oecuménique. Elle cherche à atteindre la pleine communion ecclésiale, c'est-à-dire à réaliser le plus pleinement ou le plus parfaitement possible, avant la parousie, l'unité avec toutes les Eglises qui confessent le Dieu trinitaire. Elle cherche à atteindre ce but, à la fois en tant qu'Eglise et en tant que membre de la communion d'Eglises que constitue la Fédération luthérienne mondiale, afin de manifester l'unité de l'Eglise et de mieux accomplir la mission de l'Eglise, par la proclamation et l'action concrète.

La pleine communion ecclésiale, don de Dieu, est fondée sur la foi en Jésus Christ. C'est un engagement au service de la vérité dans l'amour, et un témoignage à la libération et à la réconciliation de Dieu. La pleine communion est visible et sacramentelle. Elle englobe tout ce que les luthériens entendent par "communion de chaire et d'autel", mais elle va au-delà de cette formule historique à cause de l'ordre de mission donné par l'Evangile. La pleine communion ecclésiale est manifestement un but vers lequel tendent les Eglises divisées, sous la conduite de l'Esprit de Dieu, mais qui n'a pas encore été atteint. Elle renvoie à la communion et à l'unité complètes de tous les chrétiens qui se réalisera avec la venue du Royaume de Dieu, au moment de la parousie du Christ, le Seigneur. C'est également un objectif qui a sans cesse besoin d'être redéfini. Il est ancré dans l'accord sur l'essentiel et autorise la diversité sur les points non essentiels.

Dans la plupart des cas, cependant, les Eglises ne seront pas capables de passer directement de leur désunion à la pleine expression de leur unité donnée par Dieu; mais elles peuvent espérer vivre un mouvement de la désunion vers l'unité, qui pourra comporter un ou plusieurs des stades de relations suivants:

1. *La coopération oecuménique.* L'Eglise évangélique luthérienne d'Amérique établit des relations oecuméniques avec des organismes d'Eglises, des conseils d'Eglises ou d'autres institutions oecuméniques sur la base des principes *évangéliques* et *représentatifs*. Etant donné que ces principes se réfèrent spécifiquement à des groupes ecclésiastiques ou oecuméniques, l'Eglise évangélique luthérienne d'Amérique doit définir dans un document à part les principes qui serviront de base à ses relations avec les fidèles d'autres religions (par exemple les dialogues interreligieux, les efforts d'entraide communautaire, la défense de certaines causes).

2. *Les dialogues bilatéraux et multilatéraux.* L'Eglise évangélique luthérienne d'Amérique engage des dialogues, dans le cadre de mandats différents, avec ceux qui acceptent les principes évangéliques et représentatifs, confessent le Dieu trinitaire, et partagent le même engagement à la "conversion oecuménique".

Cette conversion ou repentance implique l'ouverture à des possibilités nouvelles sous la conduite de l'Esprit de Dieu.

3. *La reconnaissance préliminaire.* L'Eglise évangélique luthérienne d'Amérique peut pratiquer l'hospitalité eucharistique et la coopération sur la base d'une relation d'Eglise à Eglise, sans échange de ministres.

   a. Un premier stade englobe les points 1. et 2. ci-dessus, plus une reconnaissance mutuelle partielle de l'Eglise et des sacrements, avec un accord partiel sur la doctrine.
   b. Un deuxième stade englobe les points 1., 2. et 3.a., une reconnaissance mutuelle partielle des ministres ordonnés et des Eglises, un accord plus complet sur la doctrine, l'engagement à travailler en vue de la pleine communion ecclésiale, et un accord préliminaire sur la levée de toutes les condamnations réciproques. Ce deuxième stade pourrait trouver son expression dans ce que les luthériens ont souvent compris comme la communion de chaire et d'autel.

4. *La communion ecclésiale complète.* A ce stade, le but de l'engagement de cette Eglise dans le mouvement oecuménique est pleinement atteint. Il faut alors répondre concrètement à la question de la forme et de la structure à donner à la pleine communion ecclésiale en se demandant ce qui, dans chaque cas précis, favorise le plus la mission de l'Eglise, en accord avec la conception luthérienne du fondement de l'unité de l'Eglise contenue dans l'Article VII de la Confession d'Augsbourg.

Pour l'Eglise évangélique luthérienne d'Amérique, ce qui caractérise la communion ecclésiale complète, ce sont les implications théologiques et missiologiques de l'Evangile qui autorisent diversité et flexibilité. Elles soulignent que l'Eglise doit oeuvrer de manière oecuménique pour le monde, et non pas pour elle-même. Elles comportent au moins les caractéristiques suivantes, dont quelques-unes sont déjà présentes à des stades antérieurs:

1. une confession commune de la foi chrétienne;
2. une reconnaissance mutuelle du baptême et le partage du repas du Seigneur, permettant la célébration de cultes communs et la possibilité pour les fidèles de fréquenter les deux Eglises;
3. la reconnaissance mutuelle et la disponibilité des ministres ordonnés pour le service de tous les membres des Eglises en

communion complète, sous la seule réserve de respecter en toutes circonstances la discipline des autres Eglises;
4. un engagement commun à l'évangélisation, au témoignage et au service;
5. la possibilité de prendre ensemble des décisions sur les grands problèmes communs de la foi et de la vie;
6. la levée mutuelle de toutes condamnations existant entre les deux Eglises.

Cette définition et cette description de la pleine communion ecclésiale est, selon nous, en accord avec l'Article VII de la Confession d'Ausgsbourg, qui déclare: "Pour qu'il y ait une vraie unité dans l'Eglise, il suffit d'être d'accord sur la doctrine de l'Evangile et sur l'administration des sacrements". Il est possible de parvenir à un accord sur la doctrine de l'Evangile et de l'énoncer sans adopter les formulations des confessions luthériennes en tant que telles. Cette définition permet de prendre des décisions souples et adaptées aux situations, concernant les règles de l'Eglise et les structures décisionnelles. Elle n'exige pas l'union organique, mais en même temps ne l'exclut pas. Elle est également en accord avec la conception de l'unité qui a été adoptée par la Septième Assemblée de la Fédération luthérienne mondiale en 1984, "L'unité que nous recherchons" (citée plus haut dans la section intitulée "La Fédération luthérienne mondiale").

Conclusion

L'Eglise évangélique luthérienne d'Amérique s'efforce d'être fidèle à ses fondements scripturaires et confessionnels. En tant qu'Eglise confessionnelle qui est évangélique, catholique et oecuménique, elle cherchera à atteindre la pleine communion ecclésiale et se réjouira de tout mouvement qui tendra vers ce but.

www.ingramcontent.com/pod-product-compliance
Lightning Source LLC
Chambersburg PA
CBHW031258290426
44109CB00012B/640